T0243380

Thich Nhat Hanh

Fragantes
hojas de palmera

Bloc de notas (1962-1966)

Prólogo de Agustín Pániker

Traducción del inglés
realizada por el equipo de traductores
de Sangha del Buen Ayre

Título original: *Fragant Palm Leaves*
© 1966 by Thich Nhat Hanh
© 2022 by Editorial Kairós, S.A.
www.editorialkairos.com
© 2022 del prólogo de la edición en castellano: Agustín Pániker

Esta edición ha sido publicada por acuerdo con Riverhead Books,
un sello de Penguin Publishing Group, una parte de Penguin Random House LLC.
Todos los derechos reservados.
*Las imágenes de las hojas de palmera son las fragantes hojas de la palma talipot. Estas hojas largas
y fuertes, originarias de Sri Lanka y del sur de la India, se utilizaron como papel cuando se grabaron los
primeros sutras. Justo antes de que las hojas se abrieran, se separaban, blanqueaban, secaban, pulían y
recortaban en rectángulos. Se escribían los sutras en ambas caras de las hojas y se cosían.*

© de la traducción del inglés al castellano:
equipo de traductores de Sangha del Buen Ayre

Fotocomposición: Florence Carreté
Diseño cubierta: Katrien Van Steen
Imagen cubierta © Plum Village Community of Engaged Buddhism Inc.
Impresión y encuadernación: Litograma. 08030 Barcelona

Primera edición: Mayo 2022
ISBN: 978-84-9988-986-3
Depósito legal: B 5.085-2022

Este libro ha sido impreso con papel que proviene de fuentes
respetuosas con la sociedad y el medio ambiente y cuenta con los
requisitos necesarios para ser considerado un «libro amigo de los bosques».

Sumario

Prólogo

Pocos meses después de leer con fruición y, acto seguido, contratar los derechos en lengua española del libro que tienes en tus manos –u ojeas en pantalla–, conocimos la noticia del fallecimiento del estimado maestro Thich Nhat Hanh en la pagoda de Tu Hieu de Hué, el mismo lugar donde se había ordenado como monje 80 años atrás.

Curioso que esa última lectura se tratara, en realidad, de uno de sus escritos más antiguos, pues consiste en sus anotaciones entre 1962 y 1966, un diario escrito a caballo entre Vietnam y Estados Unidos; un tiempo en que su país estaba muy convulso (y acabaría por exiliarlo) y en Occidente arrancaba un inusitado interés por el budismo y las espiritualidades orientales.

A diferencia de otros textos de Thây que he saboreado o publicado (y son varias decenas), *Fragantes hojas de palmera* destila un aroma más personal. Desde sus primeras páginas me conmovió profundamente. Emana ya su característica lucidez, claridad y dulzura. Ahí descubrimos de forma íntima al maestro "socialmente comprometido", que justo entonces empezaría a despertar la admiración de Martin Luther King, Thomas Merton, los académicos de Princeton o –la que fue– su propia universidad en Saigón. Reencontramos también al hombre de sensibilidad exquisita, maravillado con los árboles, los cielos despejados, los ecos de la poesía clásica vietnamita o las enseñanzas de hondos *sutras*.

Lo primero que uno concluye al adentrarse en estas anotaciones personales de cuando Thây aún estaba en la trentena es su desbordante honestidad y la coherencia de su trayectoria espiritual. Pocas figuras –budistas o de cualquier filiación– me despiertan tanta admiración como este venerable maestro thien (zen). Él encarnó en vida y figura aquella máxima, tan oriental por cierto (compartida con Gandhi, sin ir más lejos), de que la transformación del mundo no es posible sin operar primero una transformación interior, un cambio de perspectiva, consciencia, ubicación en el mundo y relación con los demás. Él ha sido –seguramente junto a su santidad el XIV Dalái Lama– lo más semejante a la figura del *bodhisattva*: el «despierto» que se entrega de forma compasiva y desinteresada a liberar a los demás seres del sufrimiento y la ignorancia. O, como reza uno de los primeros títulos con los que me impliqué como editor en la difusión de su enseñanza, él es lo más parecido al *Buda viviente, Cristo viviente* que tantas miradas y corazones ha logrado abrir.

Thây representa el ejemplo a emular, el faro o la «luz» en la que tomar refugio, pues él da vida, contorno y sentido a los valores de la compasión, el júbilo, el amor o la ecuanimidad. Estos son –como algunos habrán colegido–, los cuatro «insuperables», las cuatro «moradas sublimes de Brahma», motivo de tantas prácticas meditativas del budismo; el mejor antídoto para reconocer, desenmascarar y combatir el odio, la codicia, la avidez, la ofuscación o la violencia que campean y afligen nuestras sociedades. Las «moradas sublimes» que el Venerable irradia al mundo tienen que ver con nuestra forma de relacionarnos con el prójimo y facilitan incorporar el sufrimiento de los demás a nuestro campo de acción y consciencia.

Ahí radica la lucidez que Thich Nhat Hanh preconizó durante décadas, a través de sus textos, enseñanzas y retiros o con su incansable esfuerzo en alentar instituciones y organizaciones que han sabido prolongar y expandir sus enseñanzas con fidelidad y plena consciencia. Y, por encima de todo, con el ejemplo de su propia trayectoria vital, tal y como nos deja entrever de su puño y letra en esta joya de la honestidad que es *Fragantes hojas de palmera*. Con su lectura, la enseñanza de Thây puede maravillarnos todavía más, ya que el diario revela el contexto en el que esta fue fraguándose: la senda del *bodhisattva*.

Disfrútenlo. Sigamos aprendiendo.

AGUSTÍN PÁNIKER
Febrero 2022

Fragantes
hojas de palmera

Phuong Boi (*Fragantes hojas de palmera*), es el nombre
del monasterio fundado por varios de nosotros,
en las tierras altas de Vietnam, como parte de nuestro
esfuerzo por renovar el budismo.
Phuong significa «fragante», «raro», «precioso».
Boi es la clase de hoja de palmera (palmera talipot)
utilizada en tiempos ancestrales
para transcribir las enseñanzas del Buda.

Nhat Hanh

Estados Unidos
1962-1963

26 de junio de 1962, Medford, Nueva Jersey

Estoy en una cabaña llamada Pomona, en los bosques del norte de Nueva Jersey. Estaba tan oscuro la noche que llegué que la primera mañana me sorprendió la belleza y tranquilidad de este lugar. Las mañanas aquí me recuerdan a Phuong Boi, el monasterio que construimos en las tierras altas de Vietnam central. Phuong Boi fue un lugar para que curásemos nuestras heridas y mirásemos profundamente lo que nos pasaba a nosotros y nuestra situación. Cantos de pájaros llenaban la selva, mientras la luz del sol se recolectaba en grandes reservorios.

Cuando llegué a Nueva York con anterioridad, a principios de ese año, no podía dormir para nada. Hay tanto ruido allí, inclusive hasta las tres de la mañana. Un amigo me dio tapones para los oídos, pero me resultaron muy incómodos. Después de unos cuantos días, empecé a dormir un poco. Es una cuestión de familiaridad. Conozco a algunas personas que no pueden dormir sin el sonido fuerte del tictac del reloj. Cuando Cuong, el novelista, vino a pasar la noche a Phuong Boi, estaba tan acostumbrado a los ruidos del tráfico en Saigón que el profundo silencio de la selva de Dai Lao lo mantenía despierto.

Yo me desperté a ese mismo silencio aquí en Pomona. Los cantos de los pájaros no son ruido. Solamente profundizan el sentido del silencio. Me puse el hábito de monje, salí a caminar y supe que estaba en el paraíso. Pomona está en la orilla de un lago que es más grande que el lago Ho Xuan Huong, en Dalat. Sus aguas claras destellan en la luz de la mañana, y la costa arbolada con pinos revela hojas de cada forma y color, anunciando el pasaje de verano a otoño. Vine aquí para escapar del calor de la ciudad y vivir en la selva por unas cuantas semanas antes de empezar el semestre de otoño en Columbia.

Esa primera mañana, un sonido débil de risas burló mis oídos. Seguí el sonido aún mientras abotonaba mis hábitos y, más adelante, el camino desde mi cabaña se abría a un amplio claro con varias cabañas. Ahí, vi a docenas de niños cepillándose los dientes y lavándose sus caras en un lavatorio al aire libre. Eran de Pueblo Cherokee, un campamento nocturno para niños de siete a diez años, uno de los «pueblos» que conforman Campo Ockanickon. Todo ese primer día me la pasé jugando con los chicos de Pueblo Cherokee. Ellos habían encontrado un cervatillo color dorado con pintitas blancas llamado *Datino*, y lo estaban alimentando con avena mezclada con leche y tiernas hojas de repollo.

Solo traje unos cuantos libros conmigo, y no he tenido tiempo para leer ninguno de ellos. ¿Cómo puedo leer cuando el bosque es tan calmo, el lago tan azul y las aves cantan tan claro? Algunas mañanas me quedo en la selva todo el día, paseando sin prisa bajo los árboles y recostándome sobre una carpeta de musgo suave, mis brazos cruzados, mis ojos mirando al cielo. En esos momentos soy una persona diferente; podría decirse que soy «mi verdadero yo». Mis percepciones, sensaciones y pensamientos no son los mismos que cuando estoy en Nueva York. ¡Todo aquí parece más brillante, me atrevo a decir milagroso!

Ayer remé en una canoa más de una milla hasta el extremo norte del lago. Me quedé un rato largo entre los nenúfares y solo volví cuando el atardecer teñía el cielo de violeta. Después oscureció rápidamente. Si me hubiera retrasado un rato más, no hubiese podido encontrar el camino de regreso a Pomona.

La selva aquí no tiene la fruta *sim* como en Phuong Boi, pero sí tiene unas bayas que son igualmente azules y dulces, llamadas arándanos. Hoy fui con dos chicos de ocho años a regoger algunas, y nos llenamos la boca ¡hasta que quedaron azules! Los chicos hablaban todo el tiempo. Uno dijo que vio un cuco anoche, un demonio con cuernos, que metió su mano dentro de la carpa y atrapó a los chicos que dormían. Él lo decía con convicción, pero debió de haber sido uno de los guías chequeándolos por la noche. Sonreí y seguí juntando arándanos, cuando el chico retrocedió y me preguntó en voz alta:

—No me crees, ¿verdad?

—Te creo, pero solo un poquito –le respondí.

—¿Por qué?

–Porque lo que dices es difícil de creer. Requiere un gran esfuerzo creer, aunque sea un poquito.

Se lo veía devastado. Esa tarde los dos muchachos vinieron a Pomona y ambos afirmaban que habían visto al cuco. Hablaban convencidos de lo que decían, y no tuve más remedio que conceder.

–Vale, os creo.

Satisfechos, regresaron a Pueblo Cherokee.

En días así, echo de menos Phuong Boi. La selva de Dai Lao es mucho más densa y salvaje. ¡Hasta hemos encontrado tigres! Sueño con Phuong Boi muchas noches, pero en estos sueños siempre hay un obstáculo que me impide ingresar. Cuanto más anhelo Phuong Boi, más triste me pongo. Phuong Boi era nuestra tierra. Como el hermano Nguyen Hung solía decir: «Phuong Boi no nos pertenece a nosotros. Nosotros pertenecemos a Phuong Boi». Nuestras raíces están ahí, profundas en la tierra. La gente dice que solo los recuerdos tristes se quedan con uno, pero no es verdad. Esos fueron los días más felices de nuestras vidas, y ahora, por nuestros recuerdos, cada uno de nosotros, donde sea que estemos, giramos en dirección a Phuong Boi como un girasol hacia el sol.

Cuando llegamos a Phuong Boi por primera vez, Nguyen Hung todavía vivía en Dalat. Nuestro grupo sufrió tantas decepciones en nuestros esfuerzos de inculcar los ideales del budismo en las vidas del pueblo de Vietnam. Hung tenía diez años menos que yo, pero ya había experimentado otras tantas decepciones. Todos nosotros sufríamos por el estado de nuestro país y por el estado del budismo. Intentamos construir un budismo de base, que se basara en las aspiraciones de la gente, pero no tuvimos éxito. Escribí artículos, publiqué libros y edité revistas, incluyendo el *Diario de la Asociación General Budista*, para promover la idea de un budismo humanístico, unificado, pero a los dos años la publicación del diario fue suspendida. La Asociación dijo que era por falta de fondos, pero era realmente porque los líderes budistas no aprobaban mis artículos. En una reunión, declararon: «¡Nunca nadie ha usado nuestra revista para predicarnos sobre la unificación de la comunidad budista!».

Nos sentíamos perdidos. Nuestra oportunidad de influir sobre la dirección que tomase el budismo se había escapado. La jerarquía era muy conservadora. ¿Qué posibilidades teníamos nosotros –jóvenes sin una posición y sin nuestra asociación– de poder cumplir nuestros sueños? Me enfermé tanto que casi muero, así que me fui de la ciudad para vivir en otro pequeño templo en el distrito de Blao. Nuestros otros amigos también se fueron en distintas direcciones. Se sentía como el final.

Pero tampoco pude encontrar paz en Blao. El templo ahí también era parte de la jerarquía budista. De vez en cuando la hermana Dieu Am venía de Djiring de visita, y traía medicinas y naranjas. Gracias a ella, fuimos capaces de juntar el coraje para hacer de Phuong Boi una realidad. Ella ahora yace en paz en el corazón de la tierra.

He estado pensando mucho sobre los comienzos de Phuong

Boi. En otoño de 1957, le confesé a la hermana Dieu Am: «Hemos perdido la última ancla. Quizás nuestra práctica no es lo suficientemente fuerte. Necesitamos una ermita donde podamos dedicarnos a practicar. ¿Puedes ayudarnos?».

Ella dijo que nos daría muy felizmente el Bosque de los Ciruelos y regresaría al templo Thien Minh, en Hue, pero que ella no tenía la autoridad para hacerlo. Qué amoroso y precioso era su corazón. Sonreí y le dije: «Pedirte que regreses a Hue sería peor que el hecho de que nosotros no tengamos un lugar». La hermana Dieu Am vivía en Djiring, en la tranquilidad del Bosque de los Ciruelos. Por eso llamamos al puente de la entrada de Phuong Boi Puente de los Ciruelos. Qué hermoso era ese puente, aunque ahora yace roto y deteriorado.

Los muchos contratiempos que tuvimos afectaron nuestra fe. Sabíamos que necesitábamos un lugar para sanar nuestras heridas, nutrirnos y prepararnos para nuevas iniciativas. Conversaciones como esas dieron nacimiento a nuestra determinación de construir una ermita, y elegimos la selva de Dao Lao, un lugar remoto y tranquilo con abundante espacio, montañas para contemplar, arroyos de aguas claras, jardines y sendas para caminar, como el lugar para realizarlo. La idea de una ermita así nos atraía como el agua fresca a un viajero en el desierto, como un regalo a un niño. Nos imaginábamos un lugar donde pudiéramos cultivar las prácticas que eran necesarias para la gente de nuestra época. La selva de Dai Lao está a unos seis kilómetros y medio al norte de Blao, donde se elevan las montañas más altas. En ese momento, la selva pertenecía a los montañeses, una tribu de las colinas, y estaba siendo vendida bastante barata por ellos. Terrenos a ambos lados de la ruta estaban siendo despejados para el cultivo o preservados como selva virgen.

La primera vez que anduvimos por el camino de tierra en la profunda y misteriosa selva de Dai Lao, la hermana Dieu Am y yo sabíamos que estábamos viendo el futuro. El nombre Phuong Boi expresaba nuestro ideal de servir a las raíces de nuestra preciosa cultura budista. *Phuong* significa «fragante», «raro» o «precioso». *Boi* es la clase de hoja de palmera sobre las que se escribían las enseñanzas del Buda en tiempos ancestrales.

Esta parte de la selva pertenecía a la jurisdicción de un pueblo llamado B'su Danglu. Después de varias semanas, la hermana Dieu Am, Dieu y yo logramos hacer un mapa con las sesenta hectáreas de la parcela que queríamos, y ofrecimos 6.500 piastras (aproximadamente 90 dólares). No estábamos tratando de sacar provecho de los tranquilos montañeses. Ese era el precio real para esos terrenos, y de hecho les ofrecimos 3.500 piastras más (50 dólares). Completamos la transacción con dos hombres amistosos, llamados K'Briu y K'Broi, quienes no sabían leer ni escribir. Pero el jefe regional de Blao, llamado K'Bres y su jefe de distrito llamado K'Dinh sí sabían.

En un soleado domingo en agosto de 1957, Tue y yo llegamos a la oficina del jefe para firmar los papeles. Los firmé como Nhat Hanh, la primera vez que firmaba una escritura. Al

pie del contrato estaban las huellas digitales de K'Briu y
K'Broi, y del prefecto adjunto de B'su Danglu; las firmas de
K'Bres y K'Dinh, y mi propia firma. Así, me volví un propie-
tario, hecho que más adelante los comunistas utilizarían para
denunciarme.

18 de julio de 1962, Medford, Nueva Jersey

Ha estado lloviendo durante días. El techo de Pomona gotea y los libros sobre mi escritorio se están empapando. He cambiado de lugar el escritorio varias veces, y esta mañana creo que finalmente he encontrado un lugar seco. Anoche, veinte chicos de Ranger Village vinieron a mi cabaña para escuchar una charla sobre budismo. He sido el «orador invitado» del campamento durante la mayor parte de este mes.

Me he dirigido a ocho grupos en total, incluyendo a los chicos más pequeños de Pueblo Cherokee. Los Rangers son los más viejos. Cada niño trajo mucha madera para la chimenea. En las noches frías, el calor de un hogar hace que Pomona sea acogedor. Los chicos y yo nos reunimos alrededor del fuego. Llevaba los pantalones grises y la camisa de un monje novicio y comencé diciéndoles que estos constituían la ropa de uso diario de los novicios budistas vietnamitas.

«Un monje ya ordenado debe usar una túnica marrón como la que cuelga ahí en esa esquina –les dije–, pero me gusta usar la ropa de un novicio. Me hace sentir joven». Luego me puse mi túnica y les expliqué que los monjes en Vietnam usan el color marrón para identificarse con los campesinos, que también usan marrón. Después de eso, me puse mi túnica *sanghati* y les dije que esta túnica amarilla se usa solo para ceremonias especiales. Les hablé sobre el budismo del sur (Theravada) y el del norte (Mahayana) y hablé también un poco sobre la noción de la visión profunda budista y las similitudes entre el budismo y cristianismo. Los jóvenes son oyentes ávidos y siempre tienen muchas preguntas. ¡Su curiosidad es ilimitada! Preguntaban: «¿Por qué los templos budistas tienen techos curvos?», «¿Eres vegetariano?», «¿Pueden casarse los monjes budistas?», «¿Qué piensa el budismo de Jesús?». Para concluir nuestra sesión –ya eran las once de la noche–, canté «Desarraigando el sufrimiento ilimitado». Después de que se fueron, puse un poco más de madera en el fuego y me senté, mirando las llamas, mientras afuera continuaba lloviendo. Imaginé que así también llovía en Saigón, Hue y Phuong Boi. El hermano Thanh Tue escribió que ha estado lloviendo en Phuong Boi durante semanas y que una sección del techo de la Casa Montañesa había sido arrancada por los vientos. No sé si planea repararlo o dejar que los vientos tiren abajo toda la casa. Trabajamos tan duro para construir la Casa Montañesa en la cima de la colina más alta. La pendiente pronunciada del techo hizo que se asemejara a dos manos uniéndose en oración. Pasamos tantas horas felices allí –estudiando, planeando, bebiendo té y escuchando música–, por lo general sentados en nuestros talones al estilo japonés. Pero cuando nuestros pies y piernas se cansaban, nos cambiábamos al estilo camboyano, con las piernas colocadas hacia un lado. Usábamos la posición del loto solo para sentarnos meditando. Esta noche me imagino sentado en Phuong Boi con Nguyen Hung, Tue, Thanh Tu y Tam Hue y sonrío tranquilamente. Cada uno de nosotros pertenece a Phuong Boi, como dijo Hung. Me pregunto si Hung añora Phuong Boi tanto como yo.

Tras comprar sesenta acres de tierra, no nos quedaba dinero, ni siquiera lo suficiente para medicinas (todavía no me encontraba bien). Así que el tío Dai Ha y yo decidimos limpiar diez acres para plantar té. Contratamos a tres docenas de montañeses para que nos ayudaran a limpiar la tierra, y un mes después, cuando los árboles talados se habían secado, los quemamos. Luego tuvimos que esperar hasta el comienzo de la temporada de lluvias para plantar el té. Pasaría un tiempo antes de que las plantas de té fueran productivas, y tuvimos que encontrar otras maneras de producir ingresos. El hermano Thanh Tue fue a Saigón a recoger los royaltis que me debían de varias editoriales. La hermana Dieu Am donó algunos fondos, y eso nos permitió seguir adelante.

En una mañana soleada cinco meses más tarde, la hermana Dieu Am, Thanh Tue y yo seguimos al tío Dai Ha al bosque y lo encontramos transformado en una colina de plantas de té jóvenes. El tío Dai Ha había contratado a los trabajadores montañeses para hacer la siembra, era un simpatizante del Dharma tan dedicado. El bosque estaba húmedo y el sendero no estaba bien marcado. Tuvimos que detenernos varias veces para quitarnos las sanguijuelas de las piernas. El tío Dai Ha no se molestaba con ellas en absoluto. Una vez, dijo, sus piernas estaban tan cubiertas de sanguijuelas que tuvo que frotar una cuerda de bambú arriba y abajo para desprenderse de ellas. Thanh Tue y yo estábamos un poco nerviosos a causa de las sanguijuelas. Nos deteníamos a sacárnoslas, un poco disgustados. Pero la hermana Dieu Am gritaba cada vez que una se pegaba a su pierna, y teníamos que ir a auxiliarla. Después de algunos meses, incluso ella logró superar su miedo.

En verano, podíamos pasear a gusto. Pero las sanguijuelas regresaban tan pronto como el bosque se humedecía de nuevo. El tío Dai Ha nos explicó: «No mueren en el verano, simplemente se secan. Cuando llegan las lluvias, reviven». Nos contó que una vez uno de sus trabajadores recogió lo que parecía ser una ramita para usar como cepillo de dientes, pero de repente el «cepillo de dientes» comenzó a retorcerse. Era una sanguijuela revivida por su saliva. La arrojó al suelo y tuvo que ir a buscar agua para enjuagarse la boca varias veces. La gente de la montaña suele frotar una especie de pomada en sus piernas para repeler las sanguijuelas, o bien llevan piedra caliza, del tipo que se mastica con nuez de areca. Si frotas un poco de piedra caliza sobre una sanguijuela, se cae.

Caminamos compartiendo historias, y sin darnos cuenta alcanzamos la colina del té. La Colina Montañesa era la más alta en el bosque. Mirando desde ese lugar, el cielo era de un azul perfecto y las nubes de un blanco puro. Las montañas a lo lejos, envueltas en nubes, parecían islas emergiendo desde algún mar. En un día despejado, podíamos ver el vasto paisaje que se extendía bajo ellas. Cada mañana durante dos años, subí caminando a la Colina Montañesa, y Phuong Boi me parecía cada vez más hermoso que antes. Algunas mañanas la niebla era tan densa que apenas podías ver tu mano delante de tu cara, pero, aun así, era una alegría pararse en la Colina Montañesa. Una mañana, cuando el bosque resonó con las canciones de los pájaros, Hung y yo subimos a la Colina Montañesa desde la sala de meditación.

Cuando llegamos a la cima, vimos a dos ciervos bailando entre las plantas de té. Bajo la luz de la mañana, sus pieles parecían seda dorada salpicada de estrellas blancas. Nos quedamos totalmente quietos para no asustarlos, y los vimos jugar en la colina del té. Luego, saltando uno detrás del otro, desaparecieron hacia el sur del bosque. Nos quedamos sin palabras.

Aunque la colina estaba plantada con té, todavía parecía salvaje y sin cultivar. Caminamos entre las hileras de plantas y alrededor de los muchos troncos de árboles que quedaban. El tío Dai Ha nos dijo que se pudrirían en unos años, así que no había necesidad de arrancarlos. La tierra allí era suave y fragante. Rodeamos la colina, y luego hicimos una pausa en el borde del bosque donde el tío Dai Ha tenía la intención de despejar quince hectáreas más para hacer unas construcciones y un jardín. Un año más tarde, cuando Nguyen Hung se mudó con nosotros, las plantas de té ya estaban produciendo una pequeña cosecha, y la hermana Dieu Am propuso que despejáramos otras cinco hectáreas y plantáramos más té.

Al mismo tiempo, comenzamos a construir una casa comunitaria de dos pisos a los pies de la Colina Montañesa. La planta superior serviría como una sala de meditación y la planta baja sería para una biblioteca, un estudio, un dormitorio, una cocina y una sala de estar. Me las arreglé para vender otro manuscrito, «Nuevos descubrimientos sobre el budismo», pero, aun así, todavía enfrentábamos dificultades financieras. Pedíamos ayuda a todos los que conocíamos. Además de la hermana Dieu Am, los que más ayudaron fueron Nhu Thong, Nhu Khoa y la familia del tío Dai Ha. A medida que las construcciones se iban haciendo, los trabajadores se encontraban con muchas dificultades para entrar y salir de Phuong Boi.

Un camión, incluso con cadenas para los neumáticos, no conseguía subir la fangosa colina para entregar la madera y los suministros que necesitábamos. El tío Dai Ha tuvo que abrir otro camino de cuatrocientos metros de largo a través del bosque. Yo era el geo mentor, determinando cuál era la mejor manera de orientar las construcciones para asegurar bienestar. Tal vez mi falta de habilidad en el *feng shui* es la razón por la que ya no tenemos Phuong Boi y está todo esparcido a los vientos. No debería haber aceptado la tarea.

La hermana Dieu Am viajaba desde el Bosque de los Ciruelos cada semana para unirse a nosotros, y su salud prosperó gracias al arduo trabajo y el senderismo. ¡Ni siquiera Nhu Khoa, un joven robusto, podía seguirle el ritmo! Queríamos mudarnos a Phuong Boi a tiempo para la temporada lluviosa de retiro, así que duplicamos nuestros esfuerzos. Para entonces la carretera estaba despejada, y pudimos entrar en Phuong Boi cruzando un puente y siguiendo el camino hasta los pies de la Colina Montañesa.

¡Ojalá pudiera pasar el resto de mi vida caminando en ese hermoso bosque! El sendero era fragante con flores de *chieu* y muchas otras. Al llegar al Puente de los Ciruelos, en la entrada de Phuong Boi, se levantó mi espíritu. Sentí que había llegado. (El resto del camino era aún más agradable. Entonces, inesperadamente, Phuong Boi y la Colina Montañesa aparecieron al doblar la curva. Al maestro zen Thây Thanh Tu le encantaba pasear por allí con su ancho sombrero de paja, apoyándose en su bastón.

El viento y las lluvias llegaron justo antes del comienzo de la temporada de retiro, y transportar las cosas resultaba difícil. Teníamos camas, bibliotecas, una pequeña estufa y muchas otras cosas para comenzar. Tue estaba enseñando en Bao Loc y no le era posible ayudar mucho. Hung y yo pasamos largos días poniendo los toques finales en la sala de meditación, tratando de crear una sensación de simplicidad y armonía. En esta sala de meditación, no nos sentábamos en el suelo, sino sobre plataformas. El Buda en el altar fue pintado por mi hermano mayor, Thây Giai Thich, y su expresión era de serenidad y alegría.

Una tarde, mientras Hung y yo nos paramos en el balcón mirando hacia abajo, en dirección al Bosque de la Meditación, vimos una nube que se extendía como un rayo de seda desplegada desde el borde del bosque hasta los pies de la Colina Montañesa. Corrimos colina abajo para alcanzar la nube, pero había desaparecido. Así que subimos de nuevo la colina, ¡y allí estaba otra vez! Llena de pinos y otros árboles majestuosos, El Bosque de la Meditación era la parte más hermosa del bosque. Planeábamos hacer senderos estrechos y también algunos lugares donde uno pudiera sentarse a meditar o a reflexionar en paz. Había muchas variedades de flores para que escogiéramos para el altar del Buda, pero nuestras favoritas eran las flores de *chieu* y *trang*.

Nhu Ngoc y Nhu Thong prometieron que vendrían de Saigón para la ceremonia de apertura. Con tan mala suerte que llovió ese día. Nhu Khoa le había prestado a Hung y Tue un jeep para transportar dos mil libros para nuestra biblioteca, pero una y otra vez el jeep subía hasta la mitad de la colina y luego se deslizaba hacia abajo. Tomó todo el día subir los libros y descargarlos. En el último viaje de Hung, llevando una hermosa biblioteca donada por Nhu Thong, comenzó a llover tan fuerte que Hung y Thanh Tue parecían almizcleros. Estaba archivando libros cuando los vi, empapados hasta los huesos y temblando. Envolví los pies de Hung en mantas y comencé a encender un fuego para que Tue se secara, pero él insistió en conducir de regreso a la ciudad.

Tam Hue nos sirvió la cena a las siete, la primera comida en nuestra nueva mesa de cocina. Hung sentía tanto frío que se negó a acompañarnos. Finalmente accedió a sentarse a la mesa y le ofrecí un tazón de arroz, instándole a tomar al menos un bocado. A regañadientes, recogió sus palillos y pronto estaba felizmente comiendo y conversando, permitiéndole a la señora Tam Hue llenar su cuenco tres veces más. Esa noche durmió profundamente, sin síntomas de haberse resfriado siquiera. A la mañana siguiente, Tue regresó a Phuong Boi y nos dijo que, después de haber regresado al Templo Bao Loc, se cambió y se puso ropa seca, se sirvió una taza de té caliente y se fue a dormir mientras esperaba a que su té se enfriara. Sintiéndose ajeno del mundo, durmió durante toda la noche.

Hung y yo pasamos la noche en Phuong Boi por primera vez. Las puertas aún no estaban bien colocadas y los fuertes vientos echaron abajo una viga de madera, despertándonos con un tremendo golpe. Escuchamos el aullido del viento y supimos que un tifón se avecinaba. Allí estábamos, en medio del bosque, lejos de la civilización. Nuestro único deseo era asentarnos allí, construir una casa en el bosque y crear un territorio seguro. Después de ese estruendoso golpe no pudimos volver a dormir, así que Hung y yo encendimos un fuego y charlamos hasta que los primeros trinos de los pájaros y los aullidos de los gibones anunciaron la llegada del amanecer.

Luego subimos a la Colina Montañesa y vimos el cielo del este sonrojándose con el rosa del amanecer. La niebla ocultó las montañas distantes. ¡Phuong Boi era una realidad! Ella nos ofreció sus colinas indómitas como una enorme y suave cuna, cubierta de flores silvestres y pastos del bosque. Aquí, por primera vez, nos sentimos a salvo de la crudeza de los asuntos del mundo.

16 de agosto de 1962, Medford, Nueva Jersey

El miércoles próximo me marcharé de aquí y volveré a Nueva York. El otoño ha llegado. Aquí lo llaman *fall* («caer») por todas las hojas que caen de los árboles. Llaman a la primera estación *spring* («brotar»), cuando las yemas jóvenes brotan de las ramas. Riverside Park debe estar hermoso en este momento. Princeton es siempre hermoso en otoño. En Princeton, caminaba siempre sobre un angosto sendero bordeado de césped verde esmeralda. Está tan fresco y crujiente en esta época del año. A la más mínima brisa, las hojas caen de los árboles y rozan tus hombros. Algunas son doradas, otras tan rojas como un lápiz labial. Hay inimaginables variedades de matices. La lluvia de hojas es una alegría para los ojos. En mi tierra, me encantan los árboles que cambian sus colores, como el arjuna. El bosque de Dai Lao es siempre verde. Muy pocos árboles en Dai Lao pierden sus hojas.

Princeton es hermoso, pero no tiene la belleza de Phuong Boi. La niebla nunca rodea las montañas, haciéndote sentir como si estuvieras parado en la orilla del mar. El aroma de las flores *chieu* no flota a través de Princeton ni los gritos de los gibones resuenan allí. Princeton no es indómito como Phuong Boi. Nunca olvidaré las noches cuando la luna brillaba sobre los bosques de Phuong Boi.

La noche en el bosque no es como la noche en la ciudad, o inclusive en una granja. Por la noche, el bosque sagrado declara su absoluta autoridad. La cortina de la oscuridad es densa y misteriosa. Sentado en el estudio en Phuong Boi, escuché muchos escalofriantes gritos provenientes del bosque. A las ocho ya era de noche y el bosque recobraba su predominio. El universo entero se hundía en un profundo silencio que, al mismo tiempo, vibraba de vida. Casi podía escuchar los pasos majestuosos del dios de la montaña mientras brincaba entre los inmensos árboles.

En los días de luna llena, ninguno de nosotros conseguía dormir. Una vez, había estado levantado hasta tarde escribiendo cuando Thanh Tue se levantó de su cama y se quedó quieto junto a la ventana para contemplar el bosque iluminado por la luz de la luna. Soplé la vela con un susurro y me acerqué a él. Cuando la luna y el bosque se encontraban juntos, creaban una maravillosa y misteriosa atmósfera, diferente de cualquier otra que hubiéramos experimentado. El silencio era total, sin embargo, podíamos escuchar la luna y el bosque hablándose mutuamente. Ya no eran dos, sino que se habían convertido en uno. Si quitaras la luna, el bosque dejaría de ser bosque. Si quitaras el bosque, la luna no sería más esa luna. No nos hubiéramos quedado de pie frente a la ventana iluminada por la luna si la luna y el bosque hubieran cesado de ser. Estábamos hipnotizados.

Algunas noches contemplaba el bosque durante horas. A solo cincuenta metros de distancia, el bosque omnipotente me atraía con una fuerza irresistible. Era salvaje y estimulante. Me imaginaba la sombría forma de un miembro del pueblo de los montañeses de hace miles de años, y podía sentir despertar al antiguo miembro de la tribu en mí mismo. Sentí la urgencia de dejar la civilización atrás, tirar mi conocimiento literario, arrancarme la ropa y entrar en el bosque desnudo. ¿Para hacer qué? No lo sabía. Pero entraría en las profundidades del bosque. Incluso si me devoraran animales salvajes, sabía que no sentiría ni dolor ni terror o arrepentimiento. Incluso podría ser que disfrutara siendo devorado. Me quedé junto a la ventana durante un largo tiempo, luchando con la llamada del bosque y la luna.

El bosque de Medford, en comparación, es dócil y manso. Añoro Phuong Boi. Han pasado dieciséis lunas desde que dejé Vietnam. Días atrás escribí estas líneas:

En la almohada de la noche profunda del bosque
sueño con la luna del decimosexto día.
Dieciséis lunas han llegado y se han ido.

En las noches de Phuong Boi cuando no había luna; miraba hacia el cielo nocturno e imaginaba la plenitud de la luna del decimosexto día. Dieciséis lunas y la luna del decimosexto día son como una sola y misma luna. Sin embargo, no lo son.

En la primera noche del retiro de la estación de lluvias, dejó de llover. Nhu Thong, Nhu Ngoc y Thây Chau Toan llegaron a las nueve de la mañana con ofrendas para Phuong Boi. Llenamos un hermoso jarrón con flores silvestres para ofrecer al Buda. Recuerdo vívidamente los boles, platos, palillos y comidas. La colina estaba demasiado cubierta de vegetación para comer afuera, por lo que comimos en la casa de los habitantes del lugar. Tue había llegado. Nguyen Hung y yo estábamos dando los toques finales en la sala de meditación. Toan fue al Bosque de la Meditación para recoger flores, y enseguida se le unieron las hermanas Dieu Am y Luu Phuong. Las dos recogieron níveas flores *chieu*, y Toan tomó unas pocas peonías y muchas ramas de flor de *sim* (mirto rosa). Llenamos varios recipientes pequeños, la mayoría con arreglos de ramas de *sim*. Toan les había quitado las hojas para que pareciesen brotes de durazno. Llenamos el recipiente más grande con *chieu*, peonías y algunas flores cuyo nombre ni siquiera conocíamos. Toan cortó una gran rama de pino y la colocó en un jarrón de la cultura degar de cristal marrón en la sala de meditación. Nhu Khoa y Thanh Gioi atravesaron las colinas hacia Phuong Boi y se unieron a nosotros. ¡Qué reunión tan maravillosa! Luego de una ceremonia para honrar las ofrendas, recorrimos juntos Phuong Boi.

Nuestros amigos se quedaron hasta media tarde y discutimos planes futuros. Toan, Nhu Ngoc y Nhu Thong fueron los primeros en irse. Para volver a Saigón, tenían que cruzar el bosque hacia el pueblo de Dai Ha, donde podían tomar un autobús. Nhu Khoa y Thanh Gioi fueron los siguientes en partir. Finalmente, la familia del tío Dai Ha se marchó, así como la hermana Dieu Am, la hermana Luu Phuong y Thanh Tue. Thanh Tue no podía quedarse permanentemente. Todavía tenía su trabajo como profesor en Blao.

Esa noche, una tranquila sensación de vacío regresó a Phuong Boi. Después de despedirnos de la hermana Dieu Am y de Tue, entramos por la puerta de entrada al Bosque de Meditación, marcada con una placa clavada en un árbol en donde estaban pintados los caracteres chinos «Montaña Dai Lao, Ermita de Phuong Boi». ¡Phuong Boi era una realidad! No era similar a nada que habíamos conocido antes. Era precioso más allá de las palabras. Nunca pensamos que íbamos a entrar en contacto con tal realidad y, sin embargo, parecía una nube que pudiera disolverse en cualquier momento. Estuve de acuerdo con el sentimiento de Hung: no éramos dueños de Phuong Boi; Phuong Boi nos poseía. Más tarde, Ly llamó a Phuong Boi «La Tierra Pura». A donde fuera que viajáramos, siempre perteneceríamos a esa Tierra Pura.

Escalamos el monte esa tarde para poder mirar en todas direcciones. Luego caminamos entre las filas de arbustos de té (la tierra estaba muy esponjosa) y a lo largo del borde del bosque y abajo hacia el valle. Fue allí donde Hung vio las huellas frescas de un tigre que iban en dirección del Puente de los Ciruelos. Ya estaba anocheciendo y el bosque estaba desierto. Un poco ansioso, sugerí que retornáramos a la casa. Cruzamos a través de los arbustos de té hasta la cima del monte. Cuando llegamos, encendimos un fuego, ya que la noche se estaba poniendo fría. La tía Tam Hue no podía quedarse esa noche, así que Hung y yo éramos los únicos allí. Otros planeaban sumarse a nosotros unos días después. Preparamos una comida simple de arroz y encurtidos de mostaza con salsa de soja, y luego, sentados juntos a la luz de una vela, compartimos nuestros pensamientos de lo que podríamos lograr en los próximos días. Antes de ir a dormir, Hung y yo celebramos una pequeña ceremonia para expresar nuestra gratitud.

Cuando llovía, las mañanas en Phuong Boi eran exquisitas, vitales y centelleantes de vida. En las mañanas frías no me levantaba temprano, sobre todo porque usualmente había estado escribiendo hasta tarde. Hung y Tue sabían que mi salud aún era frágil, así que tenían cuidado de no molestarme cuando se despertaban. La tía Tam Hue no necesitaba dormir mucho. Para el momento en que me despertaba, ella tenía el té en remojo, y luego, una vez acabábamos de practicar la meditación sentada, un pote de gachas de arroz y frijoles mung listos para nosotros. Nos sentábamos frente a la estufa caliente tomando el té y comiendo el desayuno en nuestra alegre cocina.

El sol de la mañana era brillante, pero no caliente. Entonces nos calentábamos mediante el trabajo físico, y después de apenas diez minutos de trabajo, ya nos sentíamos confortablemente tibios. Hung y yo éramos habilidosos con la azada y la pala, pero aun así nos llevó varios meses limpiar el monte de maleza y zarzas. No sé cuántas mesas nos ingeniamos para hacer con el ratán y la madera que obtuvimos. También colocamos columpios y hamacas, en los que los monjes que nos visitaban de Hue y Saigón se hamacarían suavemente durante horas. No importaba cuán viejos fueran: a todos los monjes les encantaba hamacarse y sentarse en las hamacas.

Las mañanas en Phuong Boi eran prístinas como una hoja blanca de papel, salvo por un rubor rosado en los bordes. Nos despertábamos con la consciencia de que ante nosotros teníamos veinticuatro nuevas horas, y de que no dejaríamos que nada ni nadie violara este tiempo nuestro: ni reuniones, ni entrevistas, ni autobuses. El día completo era para nosotros. Cuidábamos las plantas de té, limpiábamos la maleza, plantábamos árboles frutales, escribíamos, estudiábamos o hacíamos lo que tuviéramos ganas de hacer. Todos trabajábamos duro con muchas cosas, sin embargo, no nos cansábamos nunca, porque todo lo que hacíamos, lo hacíamos por elección. Si una persona no se sentía bien para desmalezar alrededor de los arbustos de té, generalmente siempre había alguien que podía hacerlo. Si nadie se sentía con fuerzas para limpiar el bosque, esperábamos y lo hacíamos al día siguiente. Hacíamos lo que nos daba en gana. Tras el desayuno, alguien solía sugerir un proyecto para la mañana. Por ese tiempo, los residentes en Phuong Boi éramos Hung, Tue, Trieu Quang, Ly, Nam, Phu, la tía Tam Hue y yo. Si Nguyen Hung sugería: «Limpiemos la maleza en el monte», siempre había otros dos o tres interesados en sumarse. O si Ly sugería: «Pasemos la mañana haciendo un camino hacia el valle», siempre había alguien dispuesto a trabajar con él. Era fácil llegar al consenso. Si había más de una propuesta, nos dividíamos en equipos de acuerdo con las preferencias individuales. De vez en cuando, en vez de trabajar, nos íbamos a hacer caminatas juntos. Tras preparar un almuerzo de pícnic, caminábamos a través del bosque y nos deteníamos a descansar al lado de un arroyo. Hung y Trieu a menudo regresaban a casa con maravillosas orquídeas. Luego de un día de excursión, todos dormíamos profundamente.

En Phuong Boi, no había código de vestimenta. Podíamos usar cualquier tipo de sombrero o botas que nos gustara y atar cualquier tipo de cinturón alrededor de nuestra cintura. A veces, mirándome en el espejo, notaba que parecía un vagabundo. A veces no me afeitaba durante una semana, no por pereza, sino porque había otras cosas que me gustaba más hacer. Cuando nos íbamos de excursión, vestíamos prendas de tela gruesa y áspera para protegernos de las espinas. Metíamos nuestros pantalones en las botas de goma para desalentar a las sanguijuelas. Colgábamos mochilas sobre nuestros hombros para llevar los almuerzos, una hamaca o un botiquín de primeros auxilios y cada uno sostenía un bastón. Si alguno de mis alumnos me hubiera visto con atuendo de indigente, se habría sentido conmocionado. Esta no era la vestimenta apropiada para una discusión en las aulas sobre poesía clásica.

Viviendo en el bosque del monte, nuestros pasos y gestos se volvieron audaces y fuertes. En vez de juntar las palmas e inclinarnos para saludarnos en la manera tradicional, levantábamos una mano y la agitábamos. No caminábamos por los senderos del monte con pasos medidos y majestuosos. Cami-

nábamos rápido y muchas veces hasta corríamos. Nos gritábamos el uno al otro de una colina a la otra. Nguyen Hung podía
gritar más fuerte que nadie, y su voz era tan aguda como el
silbido de un tren. De hecho, a todo el que pasaba un tiempo
en Phuong Boi le encantaba gritar. Una vez Hung trepó a un
pino alto, en el Bosque de la Meditación, para cortar una rama
y soltó un grito tan fuerte que todo el bosque reverberó. Yo
estaba acomodando el salón de meditación y su grito me so-
bresaltó tanto que dejé caer la escoba y salí corriendo a mirar.
Lo más gracioso es que grité de vuelta. El bosque era tan in-
menso que nos sentíamos minúsculos. Creo que gritábamos
para superar nuestra sensación de ser completamente insignificantes. Era también nuestra forma de compensar las muchas
convenciones sociales forzadas sobre nosotros en el pasado.
En el mundo convencional, debíamos hablar con moderación,
protegiendo cada palabra. La sociedad dicta cómo debemos
comer, saludarnos, caminar, sentarnos y vestirnos. Cuando
llegamos a Phuong Boi, quisimos desechar todas esas reglas
y convenciones. Corríamos y gritábamos para romper las res-
tricciones sociales y probarnos a nosotros mismos que éramos
libres. Aquí en Estados Unidos, la gente se saluda diciendo:
«¿Cómo estás?». Todo el mundo concuerda en que la forma
en que se pregunta no tiene sentido, pero si no lo preguntas,
los otros sienten como si algo faltase. Es especialmente extraño cuando visitas a un médico. Él te pregunta: «¿Cómo estás?»,
y tú le contestas: «Bien, gracias». Si estuvieras bien, ¿por qué
estarías visitando al doctor?

¿Qué hace tan cautivadora a la voz de la naturaleza? La llamada de la luna y el bosque era irresistible. Las tormentas de la estación de los monzones también me llamaban. Desde niño que siento una gran atracción por las tormentas. El trueno retumbaba, el cielo negro se hundía y las primeras gotas de lluvia, grandes y pesadas, salpicaban sobre los tejados en nuestro pueblo. Ráfagas de viento golpeaban contra los postigos de las ventanas. Cuando yo veía y escuchaba esos signos, me sentía transportado a otro reino. Eran el preludio de una majestuosa sinfonía. Después de un trueno que pareció lo suficientemente fuerte como para derrumbar la tierra, la lluvia comenzó a caer como una cascada. ¿Cómo podía quedarme sentado y quieto en semejante momento? Corrí hacia la ventana, abrí las cortinas y apreté el rostro contra el vidrio. Las palmas de areca se inclinaron mientras la tierra y el cielo gemían y chirriaban. El universo se estremeció. Enormes hojas azotaron con ferocidad la ventana. La lluvia caía violentamente y brotaba de las alcantarillas. Los pájaros luchaban contra el viento que sacudía cortinas plateadas de agua. En la sinfonía de la tormenta, escuché una llamada que provenía del corazón del cosmos. Quise transformarme en un árbol de areca o volverme una rama doblándose en el viento. Quise ser un pájaro probando la fortaleza de sus alas contra el viento. Quise correr afuera en la lluvia y gritar, bailar, dar vueltas, reír y llorar. Pero no me atreví. Tenía miedo de que mi madre me regañara. Así que, en lugar de eso, canté con todas mis fuerzas, pero aun así, mi voz no se oía sobre el estruendoso rugido de la tormenta.

Mientras cantaba, mis ojos permanecían pegados al drama que tenía lugar fuera de la ventana. La majestuosidad de la tormenta me absorbía el espíritu. ¡Me volví uno con la poderosa música de la tormenta, y me sentí maravillosamente! Cuando finalmente la tormenta amainó –siempre el final parecía tan abrupto–, dejé de cantar. La excitación en mi cuerpo se aquietó, pero pude sentir algunas lágrimas aún pendiendo de mis pestañas.

Todavía respondo a la llamada del cosmos, a pesar de que la forma en que lo hago ha cambiado. Esa llamada es tan clara y convincente como lo era hace tantos años. Cuando la oigo ahora, hago una pausa y con todo mi cuerpo, con cada átomo de mi ser, cada vena, glándula y nervio, escucho con asombro y pasión. Imagina a alguien cuya madre ha muerto hace diez años y que de pronto un día oye su voz llamándolo. Así es como me siento cuando oigo la llamada del cielo y la tierra.

Justamente ayer, me arrodillé junto a la ventana para escuchar una sinfonía de lluvia, tierra, bosque y viento. La ventana estaba abierta y no la cerré. Simplemente me arrodillé, mi cabeza inclinada con respeto, y dejé que la lluvia empapara mi cabeza, cuello y túnica. Me sentía tan a gusto, tan completo. Solo cuando comencé a temblar por el frío, me puse de pie y cerré la ventana. Me cambié la túnica empapada y encendí un fuego mientras el bosque de Medford se agigantaba en el éxtasis de la furiosa tormenta.

18 de agosto de 1962, Medford, Nueva Jersey

En las conversaciones entre la luna, el bosque y las fuertes tormentas eléctricas no han sido la única vez que he escuchado la llamada del Cosmos. Al mediodía en la campiña vietnamita, el único sonido que se escucha en kilómetros es el canto melancólico de un gallo. Las calles cegadas por el sol están desiertas. Todo el norte, el sur y el centro de Vietnam comparten la quietud del mediodía. No estoy de acuerdo en que la noche sea la hora más triste del día. Para mí, las noches son siempre hermosas y felices. La noche, como la mañana, es activa, llena de cambio y vitalidad. No es un momento de desvanecimiento. La noche anuncia la llegada de toda la gama de la vida nocturna, cuando la naturaleza es tan activa. Los humanos descansan por la noche, pero la luna, las estrellas, el agua, las nubes, los insectos y las hierbas palpitan con vida. El momento al que llamaría triste es el mediodía, alrededor de la una o dos de la tarde.

Al mediodía, toda la actividad natural se detiene. No hay una voz que escuchar. Ni siquiera hay una gota de viento, y los árboles están tan quietos como los cadáveres. El cielo inactivo se extiende sin medida, y el sol hipnotiza la tierra y sus innumerables criaturas con su ojo feroz y ardiente. Luego, con el empujón de una nube, la tierra comienza a girar una vez más, y el hechizo se rompe. Si alguna vez te despiertas de una siesta en el momento exacto en que el sol paraliza la tierra, escucharás la llamada. La he escuchado miles de veces y cada vez que lo hago mi corazón tiembla. Apenas despierto, el mar de mi consciencia inunda mi ser. Escucho al universo llamándome, y todo mi cuerpo responde.

Escuché esa llamada cuatro veces en Phuong Boi. Nunca los árboles se habían quedado tan quietos o el cielo se había extendido tan alto. Mi ser fue superado por un intenso anhelo de regresar, de seguir esa inefable llamada. Me sentí como si estuviera parado en un umbral oscurecido por una densa niebla. Si tan solo pudiera disipar la niebla, podría ver. ¿Ver qué? Yo no sabía qué. Pero estaba seguro de que revelaría mi más profundo anhelo.

Recuerdo el primer Têt –Año Nuevo vietnamita– que celebramos en Phuong Boi. Cuatro días antes del Têt, llegaron tres amigos, Trieu Quang, Tu Man y Thanh Hien, llegaron como niños que regresan a casa para las vacaciones. Quang trajo un montón de ramas de ciruelo cubiertas de primaverales brotes. Todos nos comprometimos a celebrar el mejor Têt de nuestras vidas. Después de una noche de discutir los detalles, acordamos hacer una gran hoguera, poner a fuego lento un gran hervidor de tortas de tierra para hacer la ofrenda tradicional antes de la medianoche, encender fuegos artificiales a la medianoche, comer nuestras tortas de tierra y dar la bienvenida al Año Nuevo, todo en la Colina Montañesa.

Ninguno de nosotros olvidará esa hoguera. Para plantar té, habíamos talado más de cien árboles, los quemamos y luego arrastramos los troncos carbonizados hasta grandes montones de leña. Durante dos días, cortamos esos troncos en trozos, de unos tres metros de largo, y nuestra pila de leña acabó siendo tan grande como una casa. En el centro de la pila había muchas hierbas secas, hojas y leña. Nuestra hoguera ardió durante toda la noche, y todavía había brasas el segundo día del Año Nuevo. Habíamos instalado tiendas para acampar cerca de la hoguera. Algunos amigos no querían pasar toda la noche en la Colina Montañesa, temiendo la fría niebla de la mañana. Pero después de reconsiderarlo se dieron cuenta de que la hoguera misma disiparía la niebla y el frío. De hecho, ¡a veces hacía demasiado calor!

Ly, de Vietnam del Norte, exclamó que podía envolver las tortas tan bien como cualquiera en el norte. Al principio pensamos que estaba exagerando, como suelen hacer los escritores, pero después de verlo trabajar, supimos que era cierto. La tía Tam Hue compró el arroz dulce y los frijoles mung y le dio a Ly las hojas largas y verdes de *dong* (*Phrynium capitatum*) para envolver las tortas. Siempre disfruto envolviendo tortas, así que hice de asistente de Ly. Lo ayudé a lavar, cortar y doblar las hojas. Hizo un pequeño molde de madera para dar forma a los pasteles de tierra perfectamente cuadrados. Era necesario hervir los pasteles a fuego lento a las cinco y media para que estuvieran listos antes de la medianoche. Man y Hien hicieron dos fogatas cerca del pie de la Colina Montañesa, una para el hervidor de tortas y otra para hervir agua y agregarla al hervor del pastel a medida que iba siendo necesario.

Todos contribuyeron a nuestros preparativos de Têt. Este espíritu de cooperación lo convirtió en un verdadero Têt. Nguyen Hung y Trieu Ouang pasaron la tarde talando bambú, que aserraron en las articulaciones, apilando las piezas junto a nuestras carpas.

Mientras las tortas se hervían a fuego lento, nos duchamos y luego nos reunimos alrededor de la tienda principal para relajarnos. Escuchamos la transmisión de fin de año de Saigón en nuestra radio Sony, compartimos una comida sencilla y luego cada uno de nosotros compartió qué había sido de sus vidas. Para entonces los únicos residentes permanentes de Phuong Boi éramos Hung, Ly, Tue, la tía Tam Hue y yo. Nuestros otros amigos eran como pájaros, volviendo a casa desde los cuatros puntos cardinales. Conversamos alegremente sobre todos los acontecimientos y cambios en nuestras vidas desde que nos vimos por última vez. Todos sabíamos que Phuong Boi era nuestro verdadero hogar, nuestra *alma mater*.

En las ramas de los altos árboles que quedaban de pie en la Colina Montañesa y a lo largo de la barandilla de la Casa Montañesa, Man y Ly colgaban linternas. A las diez y media, Hung dio la orden de encender la hoguera, y en pocos minutos estaba ardiendo. Las llamas saltaron tan alto que nos preocupaba que pudiéramos iniciar un incendio forestal. Afortunadamente, el bosque estaba a más de cuatrocientos metros de distancia. Debido a que la Colina Montañesa era el punto más alto, el fuego proyectó un círculo de luz sobre todo el bosque. Los animales debieron de haberse sorprendido. Pudimos ver la casa del tío Dai Ha's en una colina lejana, visible en el parpadeante juego de luces y sombras. A las once en punto, las llamas lamían el cielo. Volvimos a la sala de meditación para hacer nuestras ofrendas de Año Nuevo. La sencilla ceremonia duró solo veinte minutos. A medianoche, Hung, Man, Quang, Hien y Ly comenzaron a arrojar los pedazos de bambú al fuego y explotaron con un fuerte ruido crepitante. El bambú sirvió como nuestros «fuegos artificiales». Más de cincuenta trozos de bambú fueron arrojados al fuego, y ninguno dejó de saltar. Seguramente asustamos a todos los animales del bosque.

Los pasteles de Ly eran deliciosos. Varios factores contribuyeron a ello: el talento de Ly para preparar pasteles, la atmósfera especial de Phuong Boi, la profunda comprensión y la felicidad que compartimos, y quizás, sobre todo, nuestra hambre. Siguiendo la tradición, la tía Tam Hue, la mayor de los que allí estábamos, nos ofreció tímidamente a cada uno un simple y profundo saludo, y luego cada uno de nosotros ofreció buenos deseos a todas las demás personas, ¡unos cincuenta y cuatro saludos de Año Nuevo en total!

El día de Año Nuevo, nos dividimos en tres pequeños grupos para explorar el bosque, deteniéndonos en el camino para hacer pequeños fuegos y lanzar más petardos de bambú sobre ellos. Thây Thanh Tu no estaba allí para nuestro primer Têt, pero al año siguiente se divirtió tanto como nosotros participando en este tipo de juegos infantiles.

Era fácil sentirse como una familia en Phuong Boi. Incluso Thây Thanh Tu cambió su forma de saludar por una más animada. Empezó a caminar, a arreglar las flores y a cultivar el jardín al estilo libre y abierto de Phuong Boi. Desde la primera vez que vino de visita, Thây Thanh Tu sintió una profunda conexión con Phuong Boi. Nos pidió que le reserváramos un pequeño espacio en la Colina Montañesa para construir una ermita. Le dije que debía considerar Phuong Boi como su hogar. En pocos meses, con la ayuda de algunos de sus amigos, construimos una ermita para él en la ladera de la Colina Montañesa, y la llamamos «la Cabaña de la Alegría de la Meditación». En un canto que ofrece alimento al Buda, la frase «la alegría de la meditación como alimento diario» describe el alimento espiritual obtenido por la meditación. Thây Thanh Tu se alegró cuando le sugerimos este nombre. Cerca de la Cabaña de la Alegría de la Meditación, cavamos otro tanque de agua. Thây Thanh Tu construyó un hermoso cerco frente a su cabaña para las flores, y plantó más flores por todos lados. A ambos lados del camino que baja la colina, plantó arbolitos de pino del pueblo de Djiring.

Cuando la Cabaña de la Alegría de la Meditación estuvo completa, comenzó la construcción de la Casa Montañesa. Trieu Quang y Nguyen Hung hicieron la mayor parte del trabajo, con la ayuda de dos amigos montañeses y del señor

Phuong, que vivía en el pueblo. Ya que la Casa Montañesa estaría expuesta al viento y a otros factores de la cima de la colina, se hizo un gran esfuerzo para construirla con solidez. Sin embargo, en solo dos cortos meses, la elegante construcción fue terminada. Ayudé a decorar tanto el interior como el exterior. La Casa Montañesa pronto llegó a simbolizar todo lo que Phuong Boi significaba para nosotros. Practicamos la meditación del té allí la mayoría de las tardes y la meditación sentados por las noches. A menudo también dormíamos allí. Pero en los días fríos y ventosos, teníamos que recoger nuestros rollos de dormir y refugiarnos en la casa más protegida al pie de la colina.

Nunca olvidaré las noches mágicas en el balcón de la Casa Montañesa, mirando la luna y las estrellas, que parecían estar tan cerca como para tocarlas. ¡Desde ese balcón, la estrella nocturna era tan grande como la luna! Muchas noches, arrastré a Ly lejos de sus manuscritos para mirar el cielo nocturno. A mí también me gustaba escribir de noche, pero, en esas noches estrelladas, escribir era imposible.

Escuché que Phuong Boi ya no era segura y que Thây Thanh Tu tuvo que abandonar la Cabaña de la Alegría de la Meditación para regresar a Phu Lam. Cuando me fui, pensé que podría quedarse allí en paz, pero parece que me equivoqué. Ayer, en un pacífico y amoroso estado mental, le escribí esta carta:

Querido Thây:

He encontrado la Verdad. Escuchando una declaración tan pretenciosa, probablemente te estás partiendo de risa. Pero lo digo en serio. Cuando encontré la Verdad, me sorprendí. No era nada fuera de lo común. Era algo que sabía desde hace mucho tiempo, alguien que conocía íntimamente desde hace mucho tiempo. ¿Por qué me ha llevado tanto tiempo, más de diez mil vidas, reconocerla?

Cuando lo vi, me sorprendí tanto que solo pude reírme a carcajadas, como tú te debes estar riendo al leer esto. Dije:

–Pensé que con un nombre elegante como Verdad, serías más hermosa.

–¿Crees que soy fea? –preguntó la Verdad.

Miré de nuevo y tuve que admitir que la Verdad no era fea.

Entonces la Verdad preguntó:

–Ahora que me has visto, ¿qué harás esta noche?

Respondí solemnemente:

–Cuando tenga hambre, comeré. Cuando esté cansado, dormiré.

Thây, el día que salí del aeropuerto de Tan Son Nhat, traje un huevo. Todavía tengo ese huevo conmigo. Lo he estado incubando durante varios años, como una gallina sentada sobre sus propios huevos. Los amigos que me acompañaron al aeropuerto no lo sabían. Los oficiales de aduanas tampoco lo notaron, así que no dije nada. Pero sentado en la Cabaña de la Alegría de la Meditación, Thây, creí que lo sabías. Te lo conté una vez y te prometí que te avisaría cuando saliera del cascarón. ¿Te acuerdas? Con otro año de incubación en condiciones favorables, el pollito rompió el cascarón y salió a la luz. Su rápido crecimiento rivaliza con el del niño-guerrero Phu Dong.

El 7 de mayo fui testigo de una conversación entre el Buda y Mara.

El Buda recibió a Mara en el Pico del Buitre (Vulture Peak) como invitada de honor. Fue maravilloso. Escribiré su conversación y la ofreceré como un sutra:

Buda: Por favor, tome asiento.

Mara: Gracias, señor. Ese asistente tuyo, Ananda, es tan difícil. Cuando anuncié mi llegada, se negó a dejarme verte. Dijo: «¿Qué asuntos tienes aquí? El Buda te derrotó hace años al pie del Árbol de la Bodhi, y ciertamente no te recibirá ahora. Eres su enemigo». Pero se vio obligado a dejarme entrar cuando yo contrarresté sus argumentos.

Buda (riendo): ¿Qué le dijiste?

Mara: Le pregunté: «¿Así que el Buda tiene enemigos ahora?». Un Buda con enemigos no es un verdadero Buda. Su asistente obviamente entendió eso, y me dejó entrar.

Buda: Siempre triunfas sobre los demás usando trucos. No serías Mara si no lo hicieras.

Mara: Exactamente. Mi querido Buda, déjame decirte lo que me preocupa. La gente me viste con ropas de papel y me pinta la cara para parecer cruel y estúpida. Dicen que respiro el humo oscuro de la sospecha. Es la única forma que me dan. Donde sea que vaya, soy temida y despreciada. No es divertido ser Mara.

Buda: ¿Crees que ser el Buda es divertido? Los negocios me usan para vender sus productos. Los devotos me llevan en carrozas y me arrastran por calles llenas de tiendas a ambos lados, vendiendo carbón, salsa de pescado, y quién sabe qué más. No creas que serías más feliz como Buda.

Al oír esto, Mara se echó a reír.

Escribí esta carta a Thây Thanh Tu con un espíritu pacífico y amoroso. En el futuro, si alguna vez somos capaces de volver a Phuong Boi, pondré una copia en la mesa de la Casa Montañesa.

20 de agosto de 1962, Medford, Nueva Jersey

Ha hecho bastante frío en los últimos días. Pasado mañana partiré hacia Princeton, donde estaré unos pocos días y luego retornaré a Nueva York. Me siento renovado luego de mi estadía en Pomona. Hice caminatas, nadé y anduve en canoa. Hice todas las cosas que hacen los niños: caminatas en la naturaleza, artesanías, jugué a ping-pong y voleibol. Corrí carreras, ayudé con el montaje de una obra teatral y jugué mucho. Los niños me acompañaban caminando de vuelta a Pomona cuando tenían tiempo. Disfrutábamos mucho de la mutua compañía.

Anoche hubo una ceremonia para celebrar la finalización del campamento. Era un homenaje recordando a los indios, los americanos nativos. Asistí en carácter de «invitado especial» y me dieron una gran pluma verde. Los niños interpretaron danzas nativas tradicionales en la oscuridad del bosque. Luego, a las nueve y media de la noche, caminaron en la oscuridad hacia el lugar ceremonial. Había unos quinientos niños, y todos y cada uno de ellos estaban en perfecto silencio. Quedé impresionado por ello. Cuando llegaron al sitio, los grupos se sentaron en los lugares indicados. Bajo la luz de las estrellas podía distinguir el contorno de una pila de maderas. Todos esperaban sin hacer ruido alguno.

Cuando fueron las diez en punto, un sonido escalofriante, como un grito ancestral, surgió de las profundidades del bosque. Los tambores redoblaron anunciando la llegada de los mayores. Y enseguida tres oscuras figuras se distinguieron frente a la pila de leña. Una de ellas hizo unos gestos y comenzó a recitar una plegaria pidiendo que el fuego sagrado retornase. La voz era sobrecogedora.

Momentos después, sentimos un sonido crujiente seguido de un chisporroteo azulado, la pila de maderas ardía en llamas. En la medida que el fuego se hacía más vivo, las tres figuras se hacían más visibles. Eran tres niños vestidos con taparrabos, sus cuerpos y rostros oscurecidos por pinturas tribales y plumas en sus cabezas.

Uno de ellos hizo una señal para dar inicio a la ceremonia. Primero fueron las danzas. Se veía claramente la dedicación con que los niños habían ensayado. Ataviados con vestimentas tradicionales, hicieron un gran trabajo expresando el espíritu de la danza y de la tribu a la cual representaban. La audiencia asistía en silencio. Nadie hablaba ni se movía, y no importaba cuán magnífico fuese el espectáculo, nadie aplaudía tampoco. Mi danza favorita fue una en que dos jóvenes varones luchaban, con antorchas encendidas, para ganarse los favores de una mujer. Todos asistíamos fascinados, atentos a la feroz lucha, hasta que uno de ellos se consagró victorioso.

Después de la danza, se abrió una ceremonia para premiar con plumas de honor a aquellos acampantes que habían demostrado ser excepcionales en la «nación» de Ockanickon. Uno de los mayores llamó por su nombre a un joven. El eco de la llamada resonó como si viniese de las cuatro direcciones y luego se dejó oír el breve sonido de un tambor. El sonido del eco era muy misterioso, como si fuera de espíritus que hubiesen venido a participar en la ceremonia.

No pude sino pensar en la gente de la tribu B'su Danglu y nuestros amigos montañeses que frecuentemente venían a Phuong Boi a juntar *ria,* una verdura que allí cultivábamos. Sus hojas internas, de color violeta, son comestibles. Como las hojas de *ria* crecen en pares, Ly las bautizó como «hojas gemelas». Mucho de lo que los montañeses cosechaban o criaban en el bosque (bambú, ratán, orquídeas, carne de venado) lo vendían a quienes vivían en las ciudades cercanas, pero nunca vendían las hojas de *ria.* Nos decían que estas verduras evitaban los calambres. Yo también creo que contienen un elemento que alivia la artritis, y el tío Dai Ha decía que eran buenas para curar el insomnio. De tanto en tanto íbamos a cosechar algunas de estas maravillosas verduras *ria* y le pedíamos a la tía Tam-Hue que nos hiciera sopa con ellas. Nuestros amigos montañeses nos preparaban sopa con estas verduras. Ellos machacaban las hojas, le agregaban un poco de sal y luego las cocinaban al vapor. Era su plato favorito. Una tarde la señorita Phuong, profesora de botánica, vino desde Saigón a visitarnos. Juntó algunas hojas que creyó que eran de *ria* e hizo una sopa, pero después de tomar esta sopa de «*ria*» todos nos sentimos un poco contentos. ¡Nos reímos mucho tomándole el pelo a nuestra querida amiga diciéndole que era «una profesora de botánica que no sabía reconocer las verduras»!

En ocasiones, cuando un grupo de montañeses pasaba por Phuong Boi, los invitábamos a entrar para tomar un té. La mayoría de ellos hablaba un poco de vietnamita. Entre nosotros, solo el tío Dai Ha hablaba montañés, pero nunca tuvo tiempo para enseñárnoslo. Una vez encontré una copia mimeografiada de un diccionario vietnamita-montañés. Puedo recordar exactamente el lugar donde lo guardábamos en nuestra biblioteca.

Todos sentíamos una especial amistad con los montañeses. Los encontrábamos honestos y sinceros. Lamentablemente, muchos vietnamitas intentaban aprovecharse de ellos y, hoy día, son menos abiertos y directos que antes.

Los montañeses son muy robustos y mucho más resistentes a las enfermedades que el común de los vietnamitas. Le prestan poca atención a lo sanitario, sin embargo, raramente enferman. Pero cuando un montañés se enferma, suele ser grave, incluso fatal. Una vez me topé con una familia montañesa que cruzaba por Phuong Boi. Uno de los hombres cargaba a su padre sobre sus espaldas; era viejo y muy flaco, sus miembros delgados como juncos. Su familia me dijo que se estaba muriendo, pero por edad no por enfermedad y que, por lo tanto, no había cura. Sabían que su muerte era inminente y lo estaban llevando al lugar donde él quería morir.

En otra oportunidad vi a una madre montañesa bañando a su bebé en agua helada. El aire era tan frío que yo temblaba solo de verlos. Pero el niño soportaba el frío sin lloriqueos. Si a un niño de la ciudad se le diera un baño así, seguramente tendría neumonía. La tía Am Hue nos contaba que los montañeses hasta bañaban a sus recién nacidos en agua fría. Los sumergen en una fuente de agua fría varias veces. Aquellos que lo soportan bien crecían sanos y fuertes. Aquellos que no, morían. No sé si eso sería verdad, pero podría ser la explicación al hecho de que la población de los montañeses ni crece ni decrece.

Nunca olvidaré la tarde en que estábamos con el tío Dai Ha plantado unas mudas de ciruelos blancos y un grupo de cazadores montañeses pasó cerca de nosotros. Llevaban arcos y flechas con sus puntas envenenadas. Paramos de trabajar para conversar con ellos. El tío Dai Ha nos tradujo. Fue la primera vez que tuve en mis manos una flecha envenenada. El tío Dai Ha nos explicó cómo preparaban ese veneno amarillento.

Para apreciar sus habilidades con el arco, Ly le pidió a uno de ellos si podría lanzar una flecha. Él nos señaló una rama curva que había al final del bosque. El hombre cargó su arco con una flecha no envenenada. El extraño tañido de la cuerda al tensarse y el zumbido posterior me hicieron pensar que su flecha se habría perdido. Pero no, con un rápido y sordo ruido la flecha se clavó, precisa, en su blanco. Lo aclamamos mientras la flecha aún vibraba en la rama.

Estábamos impresionados por estos cazadores que, obviamente, aún se mantenían fieles a las viejas tradiciones de su pueblo. Tales cazadores, pensamos, podían viajar a través de la selva sin miedo alguno. Este romántico sentimiento le hizo preguntar a Trieu Quang qué hacían si se encontraban con un tigre en el bosque. Su respuesta fue corta y directa: «Corremos». Rompimos en una carcajada y los cazadores nos miraron perplejos. Ellos habían respondido de forma simple y sincera. ¡No imaginaban las feroces batallas que nosotros nos estábamos imaginando!

El tío Dai Ha, que comprendía las maneras de los montañeses y conocía el bosque mejor que ninguno de nosotros, nos explicó: «Los tigres en esta región no matan ni comen humanos. Se alimentan de venados y otros animales, ya que hay muchos aquí, no como en los bosques raleados que están cerca de Quang Binh y Quang Tri. Los tigres solo atacan a los humanos cuando son forzados a vivir en territorios muy pequeños. Si te encuentras con un tigre en este bosque nuestro, él no te atacará si no te interpones en su camino. Eso es lo que los montañeses querían decir».

Tue se rio tanto que le brotaban lágrimas de los ojos. Fue una suerte que nos encontráramos con un grupo de montañeses de buen carácter. En la ciudad, unas carcajadas así podrían haber dado lugar a malentendidos o, incluso, provocar una pelea. Pero es que era difícil no reírse. La respuesta de los cazadores contrastaba tanto con nuestras cándidas ideas.

Un día el hijo de la tía Tam-Hue, Phuong, venía en su bicicleta subiendo uno de los senderos hacia Phuong Boi. Unos diez metros antes del Bosque de la Meditación, justo donde el camino hace una curva hacia la derecha, se encontró con un tigre acostado en medio del sendero. Le daba la espalda a Phuong y parecía que estaba mirando a las distantes montañas. Phuong se quedó congelado de miedo. Creo que cualquiera de nosotros, en esa misma situación, se hubiera desmayado. El señor tigre no daba indicios de haberse percatado de la presencia de Phuong, a pesar de que él se encontraba apenas a tres metros de distancia. Phuong tenía miedo de que, si daba la vuelta y desandaba su camino, el tigre oiría el ruido de la bicicleta y lo atacaría desde atrás.

Avanzar o retroceder, ninguna parecía ser una alternativa viable. Por lo tanto, Phuong elaboró otro plan. Decidió asustar al tigre para que este huyera hacia el bosque. Tomó su bicicleta y la arrojó al suelo con toda su fuerza mientras, al mismo tiempo, daba un tremendo alarido. El tigre no se inmutó. Pero se levantó lentamente y, sin prisa, se dirigió al bosque sin tan siquiera mirar para atrás.

Recuerdo que yo estaba juntando los recortes de nuestros eucaliptos cuando oí el alarido de Phuong. Corrí en la dirección de la que provenía el sonido y lo encontré, pálido como una gallina desollada, tirado en el suelo cerca de su bicicleta, ahora destartalada. Llamé a la tía Tam-Hue y ayudamos a Phuong a volver a casa. Le llevó más de tres días recobrar totalmente sus sentidos, del susto que se había llevado. Era una gran suerte que los tigres de B'su Danglu no comieran carne humana, porque, de haberlo hecho, hubiéramos estado en peligro más de una vez.

En tiempos anteriores, algunos vietnamitas elegían vivir en las montañas entre los animales salvajes. Preferían vivir con el peligro de poder ser comidos vivos que vivir bajo un régimen opresor. Claro que Phuong Boi no presentaba esta amenaza de vivir siempre entre animales salvajes. Era un lugar bello, pacífico y mágico.

Pero ¿qué era lo que nos había impulsado a dejar la vida de la ciudad? Era el hecho de que la jerarquía budista no nos aceptaba. Especialmente a Ly y a mí, porque estábamos determinados a hablar con la verdad. Ahora comprendo que la verdad y la virtud deben estar acompañadas por la fortaleza. Cuando por primera vez leí al escritor francés Charles de La Fontaine, muchos años atrás, quedé sorprendido por su declaración: «El argumento de la parte más fuerte es siempre el mejor». *(La raison du plus fort est toujours la meilleure!)*. Han pasado décadas desde entonces y la vida me ha mostrado, más de una vez, que esta aseveración es, al menos, parcialmente correcta. La verdad sin fuerza no puede mantenerse firme. La fuerza o firmeza no significa tiranía o violencia, pero uno debe ser fuerte. Sin verdadera fortaleza, ¿cómo podrían aquellos sin más que una pluma desafiar a las poderosas autoridades?

A cada uno de nosotros –Man, Hien, Huong, Tue, Hung, yo mismo y muchos otros– nos fue imposible encontrar un lugar en la jerarquía budista. Fuimos acusados de sembrar semillas de disidencia cada vez que cuestionábamos algunas de las cosas tradicionales. Fuimos considerados como agitadores cuyo único propósito era destruir lo ya establecido. Las altas jerarquías no sabían cómo manejarse con nosotros, por lo cual optaron por silenciarnos. Durante ocho años intentamos hablar sobre la necesidad de un budismo humanista y una Iglesia budista unificada que pudiese responder a las necesidades del pueblo vietnamita. Plantamos esas semillas a pesar de las grandes dificultades y, mientras esperábamos que germinasen, tuvimos que cargar con falsas acusaciones, odio, decepciones e intolerancias. Pero, a pesar de todo, no perdimos la esperanza.

Ahora algunas de aquellas semillas han empezado a crecer. La idea de un budismo para la gente va tomando forma al tiempo en que crece el descontento con el régimen político. No podíamos imaginar en aquel entonces qué profundas raíces echarían nuestras ideas, principalmente en el Vietnam central. Una tarde, cuando acompañaba a Nhu Hue y Nhu Van a visitar un barrio pobre en Quang Nam, ¡oí una madre cantando una canción de protesta de Tam Kien en cuanto acunaba a su niño para dormir! Quise llorar de emoción.

Por supuesto no podemos esperar mucho en poco tiempo. Cambiar la vieja piel no es algo que en una cultura se haga de la noche a la mañana y sin resistencias. El miedo a los desafíos está habitualmente acompañado por una mentalidad servil. Y si hay servilismo, la cultura no es una verdadera cultura, sino una herramienta para controlar a los demás. Las dificultades y los conflictos causados por desafiar lo viejo no pueden evitarse. Por lo tanto, el camino de las dificultades es un camino que vale la pena andar.

Continuamos con nuestro activismo incluso después de

habernos mudado a Phuong Boi. Aunque pasábamos muchas horas descubriendo el bosque, recitando poesía y disfrutando de estar juntos, también dedicábamos muchas horas a estudiar, discutir y escribir sobre un nuevo budismo «aplicado». Casi todas las noches Ly se quedaba despierto trabajando en manuscritos hasta pasada la medianoche. Mi salud no me permitía quedarme hasta tan tarde, pero yo trabajaba duro en cuanto podía. Además de los trabajos de investigación y mis escritos, también comencé la edición de un diccionario budista. Antes de salir de Vietnam, le dejé el manuscrito aún sin terminar a un joven amigo del Instituto Budista de Nhat Trang, pidiéndole que él lo acabase.

Me da gusto recordar nuestras jornadas de estudio en la biblioteca. Nguyen Hung y Thanh Tue eran estudiantes muy diligentes. Ocasionalmente yo traía *sutras* no muy conocidos y esto generaba nutritivas discusiones. Ly era siempre el más elocuente. De hecho, a veces hasta debíamos calmarlo un poco. Thây Thanh Tu hablaba poco, pero siempre sonreía con gentileza. En ocasiones le pedíamos que fuera el moderador de nuestras charlas y recuerdo muy bien un maravilloso debate sobre el zen que tuvimos en ocasión de una visita de estudiantes que venían de Saigón.

Trieu Quang tampoco era de hablar mucho, pero cuando lo hacía, sus ideas generaban acalorados debates. A Quang le gustaba principalmente trabajar en el bosque. Había limpiado un área, al final del bosque, a la que llamaba Jardín del Paraíso. Él quería criar una vaca allí, idea a la cual nos opusimos. Tue se reía y dijo: «Bueno, al menos tendríamos leche fresca cada mañana». Mi miedo era que la vaca pudiese atraer a los tigres.

En otra ocasión, Quang se encontró con un grupo de montañeses que pasaban cargando un pequeño ciervo. Quang se lo compró para criarlo en el Jardín del Paraíso. No nos opusimos, pero el ciervo, a pesar de estar ahora suelto y tratado con mucho cariño, no aceptaba la comida que le dábamos. Al cuarto día, Quang pensó en darle un poco de leche y el joven cervatillo, finalmente, se la tomó con mucho entusiasmo. Después de lo cual se decidió a andar alegremente por nuestro Jardín del Paraíso. Pero a la mañana siguiente había desaparecido. Había retornado al bosque, al igual que *Datino*, otro joven cervatillo que había sido adoptado por unos acampantes Cherokees. Todos los niños se lo querían llevar a su casa, pero yo les sugerí que *Datino* debía retornar al bosque. A algunos de los niños esta idea nos les gustó, pero finalmente estuvieron de acuerdo.

Ese verano tuvimos muchos eventos tristes. La hermana Dieu Am se enfermó y hubo que llevarla a la clínica del doctor Sohier. Ly fue arrestado. Yo tuve que huir hacia Saigón y los demás fueron obligados a refugiarse en un campamento hecho por las tropas gubernamentales para «dar protección». Todo comenzó con las visitas de agentes de seguridad del gobierno que sospechaban que nosotros teníamos actividades clandestinas. A pesar de que ellos no se identificaron, nosotros, por la forma en que nos preguntaban cosas, sabíamos que eran agentes gubernamentales. Perdimos toda sensación de seguridad y vimos cómo nuestro paraíso, poco a poco, se despedazaba.

Recuerdo cada detalle de aquel verano. Apenas tres días después de que Nhu Hien nos contase que la hermana Dieu Am estaba mejorando, recibimos un telegrama informándonos de que su salud había empeorado mucho. Hung y yo salimos a la carretera para ver si teníamos suerte y alguien nos llevaba a la clínica del doctor Sohier, en Dalat, para verla. Estuvimos esperando desde las diez de la mañana hasta las cuatro de la tarde, y nada. Todos los buses pasaban llenos y los coches nos ignoraban. Y ya a las cuatro pasó Nghia, un amigo nuestro, que nos recogió y llevó hasta Dalat. A pesar de que fue tan rápido como pudo, el viaje parecía eterno. Cuando al fin llegamos a la clínica, la hermana Dieu Am había recobrado la consciencia y estaba fuera de peligro. Esbozó una sonrisa, con sus ojos brillantes, revelándonos su alegría de vernos.

Después de haber pasado un tiempo en Dalat, llevamos a la hermana Dieu Am a Saigón para que fuera tratada allí en el hospital Grall. Luego retornó a Hue, donde el clima era más propicio para su recuperación. A los tres meses comenzó a recuperar sus fuerzas. Antes de que yo saliese del país, ya se la veía en mejor forma y en buen estado de ánimo. Estábamos en el templo de Thien Minh y me senté en la cama, a su lado, y conversamos sobre los proyectos que teníamos para compartir en el futuro. A pesar de que se la veía cansada, su sonrisa era luminosa y llena de energía. Le conté que me ausentaría solo por nueve meses y que estaba seguro de que, cuando volviese, las cosas iban a estar mejor y que conseguiríamos hacer mucho de lo que teníamos planeado. Intenté regar semillas de confianza en ella. Estaba seguro de que se recuperaría. Pero nuestra querida hermana falleció tres meses después. Cuando recibí la noticia, solo atiné a escribir estas palabras en mi cuaderno de notas: «Te echaré de menos, hermana». Luego me arrodillé para orar por ella. Estoy seguro de que, a la hora de su muerte, Phuong Boi y todos nosotros estábamos en sus pensamientos. Me reconfortó saber que Hung estaba a su lado cuando falleció. Y también estaban Thanh Hien, Nhu Hien y Nhu Lien. Cuando yo regrese, la hermana Dieu Am ya no estará allí. Me pararé frente a su tumba en Tu Quang y le hablaré desde mi corazón. Yo sé que ella no ha muerto. Alguien como ella no puede morir. Vivió una hermosa vida, activa y de mucha fe. Y todos nosotros llevamos su imagen en nuestro corazón. Nos entristece su partida, pero sonreímos llenos de ternura cada vez que pensamos en ella.

Recuerdo haber visitado a la hermana Dieu Am, mientras estaba en el hospital Grall, la noche del año nuevo de 1960. Fue una triste celebración del Têt para Phuong Boi ese año. Nguyen Hung había sido obligado a volver a Hue, y todos los demás habían tenido que diseminarse por diferentes provincias. Thây Thanh Tu, Thanh Tue y la tía Tam Hue fueron los únicos que pudieron y se animaron a quedarse en Phuong Boi. Yo no tenía miedo, pero todos insistieron en que debía marcharme por mi propia seguridad.

Me instalé en el templo Bosque de Bambúes, en Saigón, donde comencé a trabajar con un grupo de colegas estudiantes para organizar los primeros cursos para lo que luego se convertiría en la Escuela de los Jóvenes para los Servicios Sociales. Los estudiantes más destacados eran Khanh, Duong, Chieu, Phuong, Chi, Nhien y Cuong, y todos comprendían la importancia de sus roles. Ellos esperaban que yo participase en la reunión del Año Nuevo que habían organizado, pero finalmente fui a visitar a la hermana Dieu Am al hospital. Hablé con ella, leímos un periódico del Têt y me quedé con ella para pasar juntos la entrada del año. Ese año se prohibieron los fuegos artificiales. Yo encendí unas velas rosadas junto a las flores que le había llevado como regalo. A la una de la mañana le deseé un feliz nuevo año y una buena noche. Caminé luego, en soledad, desde el hospital de vuelta al templo. Ya no había coches en la calle a esa hora. Pasé frente al Palacio Presidencial, ornamentado con las luces navideñas y sonreí con tristeza ante tanta arrogancia.

Cinco meses más tarde, Ly tuvo que ser ingresado en el hospital Co Doc en Phu Nhuan; las severas jaquecas que le aquejaban en el pasado habían vuelto. Ly es un hombre de mucha fuerza y coraje, pero cuando sufre dolores físicos extremos, llora incontrolablemente. Poco antes de que sus jaquecas retornasen, él y Hung habían acompañado a Thây Duc Nhuan a tomar el autobús. Luego caminaron siete kilómetros hasta el pueblo de Bao Loc. Mientras compraban unos alimentos en el mercado, un agente de seguridad se acercó a Ly con una orden de arresto. Hung los acompañó a la estación de policía con la determinación de no regresar a Phuong Boi sin Ly. La policía exigía una declaración de Ly. Él pidió un lápiz y papel, se sentó y escribió hasta entrada la noche. Cuando ya se quedó sin papel, pidió más. Cuando finalmente terminó, la policía acompañó a Ly y Hung hasta el templo de Bao Loc, para pasar allí la noche. A la mañana siguiente, la policía volvió a buscarlos y llevar a Ly para ampliar sus declaraciones.

Yo estaba trabajando en el diccionario budista cuando Hung regresó. Me contó lo sucedido y me dio un trozo de papel en el que Ly había escrito: «Si no regreso, termina mi libro por mí, por favor». Quedé muy conmocionado por sus palabras. Mis amigos me insistieron para que fuera a Saigón inmediatamente. Era evidente que las autoridades nos venían vigilando desde hacía tiempo, probablemente en represalia a los artículos y libros que yo había escrito oponiéndome a sus políticas. En esa situación, uno podría ser acusado de ser un Viet Cong por cualquiera que se opusiera a ti. ¿Quién creería lo que teníamos que decir? Me dispuse a viajar a Saigón lo antes posible, con la esperanza de poder hacer algo para ayudar a Ly. Le pedí a Tue que me enviase un telegrama urgente si Ly era liberado y dejé instrucciones para que, en ese caso, viniese a Saigón enseguida.

La espera de noticias sobre Ly parecía interminable hasta que, al día siguiente, recibimos un telegrama que decía: «Por favor, déjennos saber si la salud de la hermana Dieu An ha mejorado». Sentí un gran alivio, pues entendí el mensaje: Ly había sido liberado.

Poco después Ly vino a Saigón. Sus jaquecas retornaron. Lo llevé al hospital y lo dejé bajo los cuidados de Phuong.

Afortunadamente, al cabo de un mes, su salud había mejorado. El día que dejé Vietnam, Ly estaba muy ansioso. Me daba ánimos para irme, como todos mis amigos, diciendo que no había nada que pudiera hacer dada la situación del momento. Como regalo de despedida, me dio un libro, el cual abrí solo cuando llegué a Princeton. En la última página había dos líneas escritas de su puño y letra:

El día que regreses, si el cielo está roto en mil pedazos, búscame en las profundidades de tu corazón.

Esas líneas me llenaron de temor. Sabía que la situación en nuestro país era cada vez más tensa. El descontento con el régimen crecía. Phuong Boi se nos escurría entre los dedos de las manos. Ly predijo un violento levantamiento y el colapso del gobierno. Temblé y solo pensaba en el día de mi retorno. Oré por todas las personas a las que amaba.

Construyeron un refugio situado estratégicamente cerca de la autopista. En un primer momento, Thây Thanh Tu, Tue y la tía Tam Hue se quedaron en Phuong Boi, pero al poco tiempo se vieron obligados a abandonarlo. Thây Thanh Tu y la tía Tam Hue se mudaron temporalmente a Dai Ha y, de forma ocasional, iban a ver cómo estaban las cosas en Phuong Boi. Tue pudo volver a dar sus clases e iba de visita a Phuong Boi una o dos veces a la semana. Echo de menos la Casa Montañesa. Y extraño cada hoja y cada brizna de pasto de Phuong Boi.

Antes de salir del país, había hecho una visita no prevista

a Phuong Boi y pasé la noche allí. Por la mañana, una fría niebla cubría el cielo. Me despedí de Thây Thanh Tu, de Phuong Boi y de todos mis libros y ofrecí estas líneas como tributo a Thây Thanh Tu:

Las nubes abrazan delicadamente el pico de la montaña.
La brisa trae la fragancia del té.
La alegría de la meditación permanece imperturbable.
El bosque nos regala el perfume de las flores.
Una mañana despertamos,
la niebla envuelve nuestro techo.
Con una risa fresca, decimos adiós.
El clamor de los pájaros
nos remite nuevamente a los diez mil senderos,
viendo un sueño generoso como el mar.
El chisporroteo del fuego en el viejo hogar
da calidez a las frías sombras que nacen con la noche.
Impermanente, una vida vacía y sin sentido,
llena de impostores cuyas engañosas palabras
esconden un malvado corazón.
Mi confianza, intacta,
digo adiós con el corazón en paz.
Los asuntos de este mundo son apenas un sueño.
No olvidemos que los días y los meses pasan
con la rapidez de un joven caballo.
la corriente de la vida y la muerte se disuelve,
pero nuestra fraternidad nunca desaparece.

Thây Thanh Tu quedó profundamente conmovido. Le dije: «Me estoy yendo ahora, pero regresaré». He pensado en Thây tantas veces desde entonces.

Un día leí, en mi cuaderno de notas, la siguiente nota:

Encontrándonos, reímos. ¡Ja ja!
Las hojas caídas inundan el bosque.

De repente pensé en Phuong Boi y me invadió la añoranza. «Encontrándonos, reímos. ¡Ja, ja!». Era exactamente así cuando cruzábamos el Puente de los Ciruelos y subíamos a la Colina Montañesa para encontrarnos.

¡Suficiente, suficiente! Phuong Boi se desvaneció entre nuestros dedos. Siento la falta de cada arbusto, de cada hoja de hierba, de cada sendero. Incluso a alguien tan gentil y pacífico como Thây Thanh Tu ya no se le permite sentarse en meditación en el regazo de Phuong Boi. ¿Qué es lo que el futuro nos depara? Nos hemos dispersado en las diez direcciones. ¿Cuánto se ha destruido de Phuong Boi? ¿Estará la Casa Montañesa aún en pie, a pesar del viento y la lluvia, cuando regresemos?

Nunca podremos perder Phuong Boi. Es una realidad sagrada en nuestros corazones. No importa dónde estemos, el solo hecho de oír el nombre «Phuong Boi» traerá lágrimas a nuestros ojos. Ayer le escribí a Man y le dije que, a pesar de que vendavales y huracanes nos lanzaron en direcciones contrarias, la fe siempre hará que nos reencontremos.

En Medford hace frío ahora. Los acampantes han retornado a sus hogares y hay cada vez más silencio aquí. He pasado mucho tiempo recordando y pensando en Phuong Boi; cuanto más lo hago, más calmo y pleno se siente mi corazón. Sospecho que todas las demás «aves» de Phuong Boi piensan tanto como yo en nuestro lugar. Los bosques de Medford me han ofrecido también muchas horas de paz. Tal vez, cuando vuelva a Nueva York, mis imágenes de Phuong Boi se entretejerán con las de Medford.

21 de diciembre de 1962, Princeton, Nueva Jersey

No hay casi nadie aquí. Casi todos los estudiantes y universitarios están en sus hogares para las fiestas. Afuera nieva y Brown Hall, mi viejo hogar, está bañado en la quietud de un atardecer de fines de diciembre.

Llegué antes de ayer y podré pasar tres semanas del receso de invierno en el hermoso campus de Princeton. ¡Qué hermoso regalo de Navidad! He estado tan ocupado en las últimas semanas que estoy feliz de olvidarme de todo por un rato. Antes de irme de Nueva York, visité a algunos amigos en Columbia incluyendo a los profesores Friess y Cerbu. Pasé por el restaurante Binh and Bach Lan's, y tomé en brazos a Tam Tuyen, su pequeña bebita. He estado tan ocupado que no he tenido tiempo para esos sencillos placeres. Luego hice las maletas y pasé por mi oficina para recoger mi correo. Vi a Miriam, la secretaria del departamento, que estaba terminando los últimos detalles de la fiesta de fin de año de la facultad.

–El decano quisiera invitarlo a unirse a nosotros –me dijo Miriam.

–Lo lamento, pero no podré. Me voy de Princeton en unos minutos –respondí.

–¡Qué pena! Bueno, le convido a un trozo de torta.

La torta y el vino tinto estaban preparados para la fiesta.

Miriam me cortó un pedazo de torta y yo me lo comí caminando de aquí para allá para calentarme. Todavía temblaba de frío.

–Tome un poco de vino. Le calentará –me sugirió.

–Gracias –le dije– pero mi cara se vuelve roja con apenas una gota.

Llamé a un amigo que me había ofrecido llevarme a la terminal de ómnibus de Port Authority. La terminal estaba llena de viajeros. Compré mi billete y esperé en fila durante media hora antes de subir al bus. Afortunadamente, en la terminal había calefacción. En cuanto subimos al bus, este arrancó.

Esta era la segunda vez que tomaba el bus de dos horas que va por la autopista de Nueva Jersey, desde Nueva York a Princetown. Los ríos, lagos y arroyos estaban congelados, y la niebla oscurecía la visión. Para cuando llegamos a Brunwick había comenzado a nevar. Todos parecían estar absortos en imágenes de una acogedora Nochebuena con sus familias. Tenían bolsas llenas de brillantes paquetes atados con cintas rojas –regalos de Navidad para sus seres queridos–. Afuera, la nieve seguía cayendo silenciosa. El único sonido era el motor del bus atravesando la autopista. También me sentí tocado por el espíritu de las fiestas. Pero mis pensamientos se dirigieron al arroz dulce, deseos de Año Nuevo escritos en letras chinas en carteles rojos a lo largo de las entradas, mercados vespertinos repletos de coloridas sandías, duraznos y ramas de ciruelo, conductores de bicitaxis felices de tener tanto trabajo, y soldados en las fronteras escuchando disparos y anhelando el retorno a casa.

Cuando el bus se detuvo, me bajé, con una pequeña maleta en cada mano, caminé bajo la suave nieve que caía hacia Brown Hall. El campus vacío lucía hermoso. Copos de nieve cubrían mi cabeza, y tenía frío, a pesar de estar abrigado con chaqueta, gorro, bufanda y guantes. Cuando llegué a Brown Hall, no había nadie a la vista. Logré encontrar a mi amigo hindú Saphir, quien me dio las llaves de mi dormitorio. Me alegré de sacarme el saco y desempacar. Encendí la estufa, hice la cama, y me quedé frente a la ventana contemplando la nieve caer. Estaba feliz de estar de vuelta en Princetown.

Mi corazón se sintió en paz.

Ayer Saphir y yo fuimos de compras en su Volkswagen escarabajo. La cafetería de la universidad está cerrada por vacaciones, así que tenemos que comer en restaurantes o preparamos nuestras comidas en la cocina del campus. Saphir y yo compramos arroz, repollo, leche y otras cosas y juntos preparamos una comida simple y comimos en la cocina.

Afuera hace un frío brutal. Aunque esta mañana no nevaba, no me animé a salir. El locutor del pronóstico lo desaconsejaba. Dijo que había tres grados bajo cero. Pasé el día entero en mi habitación. Al mediodía Saphir me trajo un pequeño plato de comida y un cartón de leche. Nieva otra vez y el frío parece haber disminuido. Saphir y yo planeamos caminar por el campus unos noventa metros para preparar una comida caliente.

El invierno aquí se alarga hasta fin de marzo. El día que cae la nieve es hermosa, pero cuatro o cinco días después se endurece y se torna un poco sucia. Allá, por casa, una aldea pobre se transformaría después de una noche de nieve. Vietnam no tiene nieve, pero tiene preciosos paisajes que Princeton no tiene, como cocoteros reflejados en los ríos y calles de la ciudad repletas de brillantes flores rojas de los árboles. Aquí el invierno dura tanto que casi todos están impacientes esperando a que llegue la primavera. Después de las noches de intensas nevadas se necesitan quitanieves para despejar los caminos. Como hace tanto frío, la nieve se convierte en hielo y no es inusual que alguien patine y se quiebre una pierna o un brazo. Los senderos helados aquí son más peligrosos que los senderos pantanosos allí en casa. Cuando nieva intensamente, uso botas de goma sobre mis zapatos para evitar que se me mojen los pies; si no lo hiciera, seguramente pescaría un resfriado. No quisiera enfermarme aquí, ya que no tengo amigos ni parientes a quien llamar para que me cuiden. Hago todo lo posible por cuidar mi salud.

Además del blanco brillante de la nieve recién caída, el invierno ofrece otro color…Un melancólico gris. El césped verde ha desaparecido. Los árboles están desnudos. Es como si le hubieran quitado la vitalidad a la Tierra. Un día, a finales del otoño, cuando todas las hojas ya habían caído y el crudo frío del invierno no había llegado aún, vi una hilera de árboles desnudos y la ternura llenó mi corazón. Comprendí profundamente que al igual que los animales los árboles son seres sintientes que necesitan prepararse para su futuro. No hace tanto, esos mismos árboles brindaban sombra a filas de casas, pero ahora se yerguen austeros y despojados listos para soportar otro largo invierno. Sus huesudos brazos imprimen crudos dibujos en el cielo que hasta hace poco estaba oculto por su follaje.

Cuando llega el helado invierno, no perdona a las cosas tiernas, inseguras y jóvenes. Uno debe crecer más allá de la incertidumbre de la juventud para sobrevivir. Se necesita madurez y determinación. Ver la solidez y el coraje con el que los árboles se preparan para el invierno me ayuda a apreciar las lecciones que he aprendido. Pensé en el poema de Ly y me estremecí. Nuestra tierra natal está por atravesar una tormenta devastadora. El régimen opresor basado en la fuerza para satisfacer su ambición ha causado demasiadas injusticias. El descontento aumenta haciendo que mucha gente se una al Frente de Liberación Nacional. La injusticia, la opresión y la corrupción del régimen alimenta a la oposición día a día. El gobierno es responsable de crear esta situación explosiva. Han pasado nueve años del tratado con Francia y se ha perdido una oportunidad de algo mejor. La tormenta se desatará en cualquier momento. No podemos esconder nuestras cabezas en la arena. Debemos ser como los árboles. Debemos disipar toda indiferencia e incertidumbre y estar listos para enfrentar la tormenta. No podemos seguir apegados a nuestra inocencia juvenil. Debemos fortalecernos para las pruebas que vienen.

Después de mis reflexiones sobre el otoño y los árboles, tuve dos sueños especialmente vívidos. Esa noche me resfrié. No mejoré después de tomar una medicina para el resfriado, así que le pedí a Steve que frotara mi espalda con Vick Vaporub, una versión americana del bálsamo del tigre. Le mostré a Steve cómo masajear vigorosamente con el borde de una cuchara china de porcelana hasta que mi espalda se puso roja. Es un masaje muy común en Vietnam. Gracias a Steve, el frío de mi espalda desapareció y me sentí mucho mejor. Steve pensó que el masaje con cuchara era una extraña costumbre. Nadie aquí soñaría en tratar una enfermedad produciendo dolor en la espalda del paciente. Tomé otra pastilla para el resfriado y me tapé con una manta. Dejé el frasco de Vick y una jarra de agua en la mesita cerca de mi cama y me quedé dormido.

En el primer sueño, un hombre joven estaba parado en la puerta de una gran habitación vacía a unos metros de mí. No estaba seguro de quién era, pero supe que era alguien muy querido para mí. También supe que era vulnerable y necesitaba mi protección. Cuando pienso en el sueño ahora, aún no puedo identificar al hombre. ¿Hung? ¿Chau? ¿Phuong? ¿Tue? ¿Toan? Quizá una combinación de todos mis amigos. Luego una bestia espantosa entró a la habitación y sus manos inmensas se extendieron para agarrar al joven. Tenía la intención de matarlo. El gigante estaba demasiado lejos de mí para lograr detenerlo. Quedé paralizado, como si mis pies estuvieran pegados al suelo. Luego, en mi deseo de proteger al joven, mi instinto tomó el mando y le arrojé al monstruo un pesado objeto con todas mis fuerzas. Pero él fue rápido. Lo agarró y me di cuenta horrorizado de que le había arrojado un serrucho. Sin quererlo, le había proporcionado al gigante un arma letal para que la usara contra mi hermano. El gigante rio como si se burlara de mi sufrimiento y luego cortó al joven en dos, tan fácilmente como cortaría un árbol de bananas. Me sumí en un abismo de tristeza y me desperté con la cabeza pesada como una piedra.

Al cabo de un rato, me volví a dormir y tuve un segundo sueño. Estaba en medio de una habitación llena de mesas y sillas y vi una pequeña tortuga de cobre, como las que se usan para poner velas en los altares de los campos vietnamitas. No sabía para qué era la tortuga, pero presentí que era preciosa y sagrada. También vi que estaba mortalmente enferma y que su muerte estaba conectada de alguna manera con la mía. Preocupado por la tortuga, encontré bálsamo de tigre y froté un poco en su espalda. Comencé a acariciar el caparazón con mucho cuidado. Pero la tortuga comenzó a llorar y me di cuenta, horrorizado, de que mis esfuerzos solo habían empeorado su estado. Miré de cerca y vi una pequeña grieta en su caparazón. El bálsamo lo había penetrado y estaba quemando los órganos y la piel tierna de la tortuga. Se estaba muriendo. Preso de pánico busqué una toalla para quitar el bálsamo, pero ya era tarde. Una extraña voz interior me dijo que la tortuga estaba muerta. Desesperado, me arrodillé a rezar. No sabía a quién rezarle, pero arrodillarme era la única manera de responder a la desesperanza que consumía mi alma. El cadáver de la tortuga se estremeció, como si una fuerza oculta lo estuviera exprimiendo y luego explotó, arrojando chorros de agua por todas partes. Uno de ellos vino directo hacia mí. Salté fuera de su camino y el agua cayó al suelo. El agua se transformó en un objeto parecido a un botón que comenzó a girar como un trompo. Cuando paró de girar, vi que era una flor de cuatro pétalos blancos.

Luego la escena cambió y yo estaba en un camino lleno de cadáveres. Había hombres que arrojaban los cuerpos a la parte trasera de grandes camiones con tanta fuerza que algunos se partían en dos, como si estuvieran hechos de porcelana. Los camiones arrancaron y se marcharon a toda prisa dejándome solo en una nube de polvo rojo. En ese momento me desperté, mi corazón golpeteaba. Me sentí paralizado de dolor. Finalmente logré levantar mi mano y me toqué con suavidad la frente. Hice un esfuerzo por sonreír, pero mi habitación parecía envuelta en la horrible atmósfera de esos sueños. Mi frente, almohada y camisa de dormir estaban empapados de sudor. Con esfuerzo me senté, me limpié el sudor con una toalla y me cambié la ropa. No traté de volver a dormir. Prendí una vela. La lámpara hubiera sido muy fuerte. Masajeé mis brazos y mis piernas para mover la circulación y repasé los sueños en mi mente. No podía imaginar que podría haber causado tan tremendas pesadillas.

Unos días después les conté estos sueños a algunos amigos. Gordon me sugirió varias explicaciones psicológicas, pero ninguna encajaba con cómo me sentía. Quizá los sueños eran una expresión de mis más recientes ansiedades, o quizá no eran más que fantasmas causados por un virus o una reacción a los medicamentos. Fuera cual fuera el significado de los sueños, no pude evitar sentir que estaban relacionados de alguna manera con la dedicatoria de Ly. Cuando la tormenta del cielo se desate, espero estar en casa para enfrentarla con mis amigos. Dios no quiera que cuando vuelva, «los cielos se hayan desgarrado» y solo pueda encontrar a los que amo en lo profundo de mi corazón.

El verano pasado, cuando me fui del lago y los bellos bosques de Medford, tuve solo dos días para visitar Princeton antes de regresar a Nueva York.

Nunca me sentí cómodo entre los rascacielos y el ajetreo de Nueva York, pero siempre habrá una conferencia o una exhibición a la cual asistir y muchos magníficos conciertos, librerías y museos de arte y arqueología.

Mis primeras impresiones de Nueva York vienen de un extraño e inquietante encuentro. Gordon me llevó de Princeton a Nueva York en su espacioso auto. Acomodé mi equipaje en mi nueva habitación en Columbia y luego fuimos caminando a la ciudad a comprar algunas cosas. Mientras caminábamos por la avenida Ámsterdam, un hombre de unos cuarenta años elegantemente vestido se nos acercó corriendo. Con una voz fuerte y una confianza como si nos conociera de años me dijo:

−¿Qué clase de vestido es ese? ¿Eres monje budista o algo así?

Gordon respondió:

—¡Sí señor! Es correcto.

Luego, con atrevimiento y una voz más fuerte aún, pregunto de dónde era. Respondí que de Vietnam, pero pareció que nunca había escuchado hablar de ese lugar.

—¿Los budistas creen en Jesús? —preguntó.

—Sí —respondí.

Sorprendido, me pidió que se lo explicara. Me sentí incómodo, parado en la mitad de la vereda rodeado de edificios repletos de gente. No era un lugar fácil para tener una conversación de ese estilo. Gordon me ayudó diciendo:

—Lo que dice es verdad.

El hombre ignoró a Gordon y me habló directamente:

—En América, la gente dice lo que quiere y se lo atribuye a Jesucristo. Venden a Dios solo para ganar unos dólares.

Luego se lanzó a hacer un largo comentario sobre lo que había dicho.

Le pregunté:

—¿Qué camino sigues tú?

Se detuvo a pensar, luego sacó su billetera y dijo:

—Aquí está mi religión.

Esperaba ver una tarjeta de afiliación de alguna iglesia, pero sostenía un fajo de billetes de un dólar y añadió:

—Este es el camino que sigo.

¡Su religión era el dinero! Gordon y yo comenzamos a reír tan fuerte que llorábamos. Luego nos despedimos del excéntrico sujeto.

Dije:

–Debes admirar su honestidad. Dijo en voz alta cosas que otros solo piensan. ¿Sabes, Gordon?, es el primer ciudadano de Nueva York que conozco.

Paramos en la tintorería a ver si podían volver a teñir mi túnica gastada. Era costoso y dudé. Luego el dueño me dijo:

–En unas semanas querrás tirar ese atuendo y usar ropas occidentales. La gente llega aquí vestida como en su país, pero luego comienzan a usar ropas americanas.

Le expliqué cortésmente que este no era un atuendo, sino una túnica de monje y que yo no acababa de llegar a Estados Unidos. Le dimos las gracias y nos fuimos.

Esa tarde convencí a Gordon de cenar conmigo en el restaurante vietnamita en la avenida Ámsterdam. Es el único restaurante de Nueva York que sirve comida de Vietnam. Cuando aún estaba en Princeton, vi un anuncio en el diario y anoté la dirección. Tuvimos que pasar por la calle Ciento veintiuno antes de encontrarlo. No había clientes cuando entramos. Dos estudiantes vietnamitas estaban sentados conversando. Saltaron al vernos y nos invitaron a sentarnos en una mesa en la esquina. Probablemente, habían vivido en el extranjero durante toda su vida porque ninguno se dio cuenta de que yo era un monje de su tierra natal. La chica hablaba vietnamita fluidamente y me preguntó si era de Camboya. Sonreí y le dije que no con la cabeza. Gordon también sonrió. Pedimos varios platos y les preguntamos a los dos jóvenes que nos hablaran sobre el restaurante. Cuando nos estábamos yendo, les dije que yo era un monje de su tierra natal. Parecían encantados y dijeron que sus familias eran budistas. Más tarde supe que la señora Lan, la dueña, consideraba que su restaurante era una institución cultural. La comida, obras de arte, música y la interacción con los camareros podía ayudar a que los clientes aumentaran la comprensión y aprecio por Vietnam. Era notable. Los camareros hablaban vietnamita, inglés y francés y podían hablar con conocimiento de todo, desde cocina hasta política. El joven que conocí ese día también hablaba alemán fluidamente.

Aquellos son inolvidables recuerdos de mi primer día en Nueva York. Para cuando volví este otoño, me había acostumbrado a la vida urbana, aunque mis días en los bosques de Medford terminaron demasiado pronto.

Ahora soy asistente de enseñanza e investigación en Columbia. Enseño cinco horas por semana y también tengo horas de oficina para reunirme con estudiantes y ayudarlos con sus investigaciones. Por eso me pagan trescientos cincuenta dólares por mes, lo que me hace ser relativamente «adinerado». Me hice amigo de dos de mis estudiantes: David y Steve. Steve y yo nos apreciamos desde el momento en que nos conocimos. Cuando sugirió que compartiésemos un apartamento, yo acepté. David suele venir y compartir nuestras comidas. Por lo general, nos quedamos hasta tarde debatiendo distintos temas en una agradable atmósfera de nuestro pequeño apartamento.

Este semestre, Steve me acompañó comiendo únicamente

platos vegetarianos. Le pregunté si eso lo hacía sentir débil o cansado, pero dijo que no. «Al contrario, me siento mucho mejor», dijo. Siempre comemos en casa. Comemos arroz con palillos dos veces por semana. Steve es muy bueno usándolos porque vivió en Japón durante un verano.

Me siento tan cercano a él como a Hung o Tue. Steve es de mi misma altura, bastante bajo para ser un norteamericano, tiene el cabello castaño claro y el mentón algo puntiagudo. Sus ojos son marrones y tiene la sensibilidad natural de un artista. Es amante de la filosofía oriental y está tomando varios cursos sobre estudios asiáticos, incluido el idioma chino. Es conmovedor verlo escribir caracteres chinos.

Steve me confía sus altibajos y yo le ofrezco reflexiones que espero que le ayuden. Se sienta y escucha con atención, a veces arrugando sus cejas. Ocasionalmente surge algún conflicto por la forma occidental en que Steve mira las cosas y por mi incapacidad de expresarme de otra manera que no sea la asiática. Pero es natural. Steve se ha visto influenciado por la advertencia del profesor Cerbu: «Ve a Oriente, pero quédate en Occidente». Mi pregunta es: si te quedas en Occidente, ¿cómo podrás ir verdaderamente a Oriente?

Alquilamos nuestro apartamento por ciento cincuenta dólares mensuales. Tiene un dormitorio, un estudio, un cuarto de estar, un baño y una cocina. La dirección es calle Ciento nueve, número 306. Vivimos en el quinto piso y tenemos dos amplias ventanas mirando a la calle. Para ver el cielo, tienes que asomarte afuera de la ventana. Steve trajo los muebles, platos y vajilla, así que no tuve que preocuparme por nada. Su padre es decano de un prestigioso instituto de tecnología. Steve está también dotado intelectualmente, pero no tiene ningún interés en la ciencia y la tecnología. Su madre vino a visitarlo hace un par de semanas y trajo una comida deliciosa.

Yo cocino y lavo los platos. Steve hace las compras y limpia la casa. Como él pasa más tiempo en la escuela, es más fácil para mí asumir el rol del amo de casa. Necesito estar en el campus solo un par de horas a la semana. Prefiero hacer los proyectos de investigación en casa. Puedo trabajar más efectivamente aquí en nuestro silencioso apartamento y Steve está feliz de poder traer cualquier libro que necesite de la biblioteca. Mi tarjeta de acceso a la biblioteca me permite tomar decenas de libros a la vez durante dos semanas cada uno. Es un placer cocinar para Steve. Él elogia todo lo que hago. Creo que Steve podría ser vegetariano el resto de su vida y no cansarse de ello. Y yo podría cocinar toda la vida y sentir que mis esfuerzos no son en vano.

Al principio, Steve no sabía comprar los ingredientes correctos. Lo llevé a un mercado asiático varias veces para mostrarle que podía comprar allí hongos, shitake, tofu, daikon, repollo al escabeche y otras comidas asiáticas únicas. Él compra vegetales frescos en una pequeña verdulería en Broadway. También encontramos un negocio que vende arroz de buena calidad en bolsas de diez kilos. La mayoría de los norteamericanos compra arroz en pequeñas cajas de cartón. Los días que sale temprano de clase Steve hace las compras en el camino de regreso a casa. Dos bolsas de provisiones llenan la nevera de nuestro apartamento. Nuestra cocina es moderna y muy limpia. Steve la friega casi a diario. La cocina a gas es muy práctica. Muy temprano cada día preparo el desayuno. Steve se acuesta y se levanta muy tarde así que apenas tiene tiempo de tomar un pequeño desayuno antes de salir por la puerta. Algunos días voy con él a la escuela por la mañana, pero vuelvo a la casa a las once. Steve llega a las doce y media, famélico, y nos sentamos a almorzar. Siempre cocino suficiente para el almuerzo y cena, así que por la noche solo necesito calentar las sobras. A la tarde prefiero quedarme. Leo, preparo clases y respondo cartas. A veces David viene al apartamento con Steve y cenamos tranquilamente y en paz en la sala de estar. Steve y David continúan conversando mientras yo lavo los platos. Cuando lavo los platos, me siento relajado. El agua es tibia y reconfortante. A veces hasta juego con las burbujas del jabón y canturreo canciones de mi infancia. Limpio la cocina, lo guardo todo, luego me doy una ducha caliente, me cambio la ropa y me reúno con Steve y David. Noches como estas son encantadoras. Steve comprende mi naturaleza; entonces apaga las lámparas eléctricas y enciende velas para tener una luz más tenue. No hablamos tanto. Mayormente nos sentamos allí, disfrutando de nuestras propias reflexiones. David suele quedarse hasta tarde y se va cuando le recuerdo amablemente qué hora es. Otras veces los dos jóvenes se marchan el día entero y yo ceno solo.

Steve es un amigo afectuoso que escucha profundamente

mis descripciones sobre la situación en Vietnam. Si es posible, le gustaría visitar Vietnam algún día. Incluso hablamos de que él podría quedarse en Phuong Boi. Le conté de nuestro amor por Phuong Boi y como Phuong Boi es una chispa de fuego en cada uno de nuestros corazones que nunca se apagará, el alimento espiritual que nutre nuestros sueños y anhelos. Quizá exagere, pero los ojos de Steve se iluminan cada vez que me escucha nombrar a Phuong Boi. Está decidido a estudiar vietnamita y yo le he enseñado ya algunas frases. Steve tiene pasión por los idiomas. Aunque recién empieza a estudiar francés, ya escribe poesía. En el mercado asiático pone a prueba su chino. Ya puede llevar una conversación rudimentaria adelante. A Steve le gusta mi idea de crear una «aldea» cuando regrese a Vietnam donde muchos de nosotros podamos vivir en comunidad juntos, basándonos en una verdadera hermandad.

Steve se ocupa de las tareas pesadas, sabe que yo me resfrío con facilidad así que insiste en hacer todos los mandados. Cuando me resfrío o tengo gripe, me frota la espalda con sus manos fuertes y así ahuyenta los escalofríos. Si no mejoro, llama al doctor Cushman.

Steve no se lleva bien con sus padres. El verano pasado conoció a una mujer japonesa y mantiene correspondencia con ella desde entonces. Ella le prometió visitarlo esta primavera. La familia de Steve insistió en que volviera a su casa para las vacaciones, pero él quiere quedarse en Princeton conmigo. Tomó un avión para ir a su casa dos días antes de que yo me fuera de Nueva York. Nuestro apartamento de la calle Ciento nueve está ahora vacío y frío. Las luces y la calefacción están ahora apagadas, y aquí estoy yo, en Princeton. Es la hora del crepúsculo y sigue nevando. Voy a buscar a Saphir. Podemos cocinar una comida caliente juntos y luego ver las noticias de las siete en el televisor del campus.

23 de diciembre de 1962, Princeton, Nueva Jersey

Hoy recibí, desde Nueva York, más de treinta cartas. Las únicas desde Vietnam eran una postal de Hue Duong y una carta de Phuong. Las otras eran tarjetas de Navidad de amigos norteamericanos. En Estados Unidos, la gente gasta una importante cantidad de dinero en tarjetas de Navidad. Cada familia tiene una lista de amigos y entonces compran cientos de tarjetas, firman cada una, las colocan en sobres, escriben sus direcciones y les ponen sellos. Si envías tarjetas a solo diez amigos, tienes tiempo para seleccionar una especial para cada uno. Hasta tienes tiempo para escribir diez notas cortas. Pero cuando tu lista incluye cientos de amigos y conocidos, tienes que comprar grandes cajas de tarjetas idénticas, firmarlas y escribir las direcciones y hacerlo todo como si fuera en una línea de producción industrial. Aparentemente, lo que es más importante es no olvidar a nadie. A través de los años, la lista cambia; un amigo muere y otro se comporta de mala manera, así que algunas «relaciones diplomáticas» se interrumpen. Y amigos nuevos son agregados a la lista. Algunos norteamericanos suponen que yo debo estar triste pasando mis vacaciones solo en Princeton. Pero no estoy para nada triste. De hecho, tuve que rechazar varias invitaciones para visitar familias amigas para poder regalarme este tiempo a mí mismo. Esto es muy apacible y cómodo. Pienso en esas personas sin casa y sin algo con que abrigarse, gente que tiene pocas razones para celebrar.

En Vietnam, la guerra está aumentando. Nuestro pueblo está atrapado entre un martillo y un yunque. Ya hemos perdido demasiado. El país ha sido dividido en dos y envuelto en llamas. Hasta Phuong Boi está desapareciendo en la niebla. Pero mientras nos tengamos unos a otros, nunca estaremos realmente solos. Queremos estar con aquellos que han sido abandonados. Quiero que otros, por lo menos ocasionalmente, piensen en aquellos que sufren, pensar en ellos, pero no tenerles lástima. Aquellos que sufren no necesitan lástima. Necesitan amor y respeto.

Durante el tiempo de Navidad en Estados Unidos muchas organizaciones hacen donaciones para los necesitados. La gente envía contribuciones a orfanatos, a viudas y a los pobres sin tan siquiera haber visto sus caras. Pero es necesario un encuentro directo para comprender el sufrimiento del otro. Solo la comprensión lleva hacia el amor. Grandes cantidades de dinero y bienes materiales son distribuidos entre los pobres en esta época, pero estos regalos son generalmente fruto de la lástima y no del amor. Una organización distribuye varios miles de pares de zapatos entre los niños pobres. Entre aquellos que donan algunos dólares para comprar un par de zapatos, dudo que alguno de ellos pueda visualizar la felicidad en la cara de la niña cuando ella recibe los zapatos o siquiera visualizar los zapatos que están comprando para ella.

El año pasado para esta época, fui de compras con Kenji, un joven estudiante japonés. La noche de Navidad, los negocios estaban llenos de compradores de última hora, todos corriendo, ansiosos por llegar a casa a tiempo para estar juntos en Navidad. Kenji y yo teníamos que comprar suficiente comida para una semana, dado que aquí los negocios cierran desde Navidad hasta el primer día del año. La visión de dos jóvenes asiáticos comprando comida la noche de Navidad produjo lástima en varias personas. Una mujer preguntó si había algo que ella podría hacer por nosotros. Le dimos las gracias y le deseamos feliz Navidad. La cajera del lugar, alegre y luminosa, nos miró con calidez deseándonos una feliz Navidad. Todos asumían que estábamos solos. Era Navidad y estábamos muy lejos de casa. Pero dado que ninguno de nosotros es cristiano, no albergábamos tiernos recuerdos de Navidades pasadas que nos hicieran sentir solos. En Saigón, ramas de pino, tarjetas de Navidad, moños dorados y otros adornos navideños anuncian las fiestas. Inclusive en Phuong Boi celebramos la noche de Navidad quedándonos hasta tarde decorando el árbol. Pero nosotros no experimentamos los profundos sentimientos que tienen nuestros amigos cristianos. Tal vez porque respetamos a Cristo como un gran maestro, pero no lo vemos como Dios. Lo mismo ocurre con el Buda. Lo respetamos como un gran maestro, pero no lo adoramos como a un dios. La época en la que nos sentimos más a gusto en Vietnam es en la del Têt.

De todas formas, cuando la noche de Navidad llegó a Princeton, notamos cuán desolado se sentía el Brown Hall. Hacía frío, pero no nevaba, por lo cual decidimos caminar por la ciudad. Recorrimos calles vacías. Todas las casas y negocios estaban cerrados, de alguna manera me recordaron el sentimiento de la noche de Año Nuevo en mi tierra y sentí nostalgia. Volvimos al campus algo melancólicos, tomamos un té, conversamos y vimos la televisión.

Es curioso cómo el ambiente que nos rodea influye en nuestras emociones. Nuestras alegrías y tristezas, gustos y disgustos quedan tan teñidos por nuestro entorno que, a menudo, dejamos que lo que nos rodea dicte el curso a seguir. Vamos andando con sentimientos «públicos» hasta que no sabemos ni siquiera nuestras verdaderas aspiraciones. Nos hacemos extraños para nosotros mismos, enteramente moldeados por la sociedad. Nuestros amigos en Phuong Boi siempre se opusieron al conformismo social y resistieron los moldes propuestos por la sociedad.

Obviamente, encontramos oposición, interna y externa. A veces me siento atrapado entre dos partes opuestas: el «falso yo» impuesto por lo social, y lo que yo llamaría mi «verdadero yo». Cuán a menudo confundimos los dos y asumimos el molde social como nuestro «verdadero yo». Batallas entre nuestras dos identidades raramente resultan en una reconciliación pacífica.

Nuestra mente se convierte en el campo de batalla, donde los Cinco Agregados –forma, sensaciones, percepciones, formaciones mentales y consciencia– de nuestro ser son desparramados como escombros en un huracán. Árboles que caen, ramas que se quiebran, casas que quedan destruidas. Son nuestros momentos de mayor soledad. Sin embargo, cada vez que sobrevivimos a estas tormentas, crecemos un poco. Sin tormentas como estas, no sería quien soy hoy. Pero raramente oigo esta tormenta llegar, solo la siento cuando ya está sobre mí. Parece manifestarse sin previo aviso, como pisando silenciosamente con pantuflas de seda. Sé que debe haber estado formándose durante largo tiempo, cocinándose en mis pensamientos y formaciones mentales, pero cuando tal frenética tormenta golpea, nada externo puede ayudar. Estoy golpeado y roto en pedazos. Y también estoy salvado.

Pasé por una tormenta así el otoño pasado. Comenzó en octubre. Primero parecía una nube pasajera. Pero después de varias horas comencé a sentir mi cuerpo hacerse humo e irse flotando. Me convertí en el tenue vestigio de una nube. Siempre había pensado en mí como una entidad sólida, y repentinamente vi que no soy para nada sólido. Esto no era filosófico o una experiencia de iluminación. Era una percepción común, completamente común. Vi que la entidad que yo había asumido que era «yo mismo» era una fabricación. Me di cuenta de que mi verdadera naturaleza era mucho más real, más fea y hermosa de lo que podría haber imaginado.

Este sentimiento comenzó un poco antes de las once de la

noche el 1 de octubre. Estaba curioseando en el piso décimo primero de la Biblioteca Butler, sabía que estaban a punto de cerrar y vi un libro relacionado con el área que estaba investigando. Lo saqué del estante y lo sostuve en mis manos. Era grande y pesado. Leí que había sido publicado en el año 1892 y donado el mismo año a la Biblioteca Columbia. En la parte trasera había una hoja de papel que registraba los nombres de los que se lo habían llevado prestado y las fechas en que lo habían hecho. La primera vez que había sido prestado fue en 1915, la segunda vez en 1932. Yo sería el tercero. ¿Pueden imaginarlo? Yo era la tercera persona que lo requería, el 1 de octubre de 1962. En los últimos setenta años solo dos personas habían estado en este mismo lugar donde yo estaba en ese momento, tras sacar el libro del estante, echándole una mirada. Me inundó el deseo de encontrar a esas dos personas que se lo habían llevado anteriormente. No sabía por qué, pero quise abrazarlos. Pero ya se habían esfumado y yo también, en breve, desaparecería. Dos puntos, en la misma línea recta, que nunca se encontrarán. Pude encontrar a esas dos personas en el espacio, pero no en el tiempo.

Me quedé quieto durante unos minutos, sosteniendo el libro en mis manos. Ahí recordé lo que Anton Cerbu había dicho el día antes, cuando hablábamos sobre cómo investigar el budismo vietnamita. Me dijo que yo aún era joven. No le creí, siento como si hubiese vivido mucho y visto mucho de la vida. Tengo casi treinta y seis años, que no es ser joven. Pero esa noche, mientras estaba entre los montones de libros de la Biblioteca Butler, vi que no soy ni viejo ni joven, ni existente ni no existente. Mis amigos saben que me gusta jugar y hacer travesuras como un niño. Me gusta divertirme y entrar totalmente en el juego de la vida. También sé qué es enojarse. Y también conozco el placer de ser halagado. Siempre estoy al borde de lágrimas o carcajadas. Pero bajo todas estas emociones, ¿qué más hay? ¿Cómo puedo tocarlo? Si no hay nada, ¿por qué tengo tanta certeza de que lo hay?

Todavía con el libro en la mano, sentí el resplandor de un despertar. Comprendí que estoy vacío de ideales, de esperanzas, puntos de vista o lealtades. No tengo promesas que cumplir con otros. En ese momento, el sentido de mí mismo como una entidad entre otras entidades desapareció. Sé que ese darme cuenta no surgió del desengaño, de la desesperación, del miedo, del deseo o de la ignorancia. El velo se levantó silenciosamente y sin esfuerzo. Eso es todo. Si me azotan, si me apedrean, aun si me disparan, todo lo que considero que «es yo mismo» se desintegrará.

Entonces lo que está realmente ahí se revelará: tenue como el humo, esquivo como el vacío y, aun así, ni humo ni vacío; ni feo, ni no feo, hermoso, pero no hermoso. Es como una sombra en una pantalla. En ese momento, tuve el profundo sentimiento de que había regresado. Mis ropas, mis zapatos, incluso la esencia de mi ser había desaparecido y yo era libre como una langosta en una hoja de pasto. Como la langosta, no tengo pensamientos de la divinidad. Los dioses de la langosta perciben forma, sonido, aroma, gusto y objetos de la mente.

Ellos conocen aumento y disminución, sucio e inmaculado, producción y destrucción. Cuando una langosta se apoya en una hoja de hierba, no tiene pensamientos de separación, resistencia o culpa. Los niños prefieren libélulas cuyas alas y vientres son tan rojas como pimientos. Pero la verde langosta se mimetiza completamente con el pasto verde y los niños raramente la ven. Ni se retira ni llama para que la miren. Nada sabe de filosofía o ideales. Es simplemente grata por su simple vida.

Arrójate a través del prado, querido amigo, y celebra al niño que fuiste. Cuando no puedas verme, tú mismo retornarás. Aun cuando tu corazón esté desesperado, encontrarás la misma langosta en la misma hoja de hierba.

Steve se ha ido a pasar algunos días en Boston y yo me quedé solo en nuestro apartamento. Dejé la puerta del cuarto abierta de par en par día y noche como una oración. Lo que estaba atravesando no era feliz ni triste. Algunos dilemas humanos no pueden ser resueltos a través de estudio o pensamiento racional. Vivimos con ellos, luchamos contra ellos y nos hacemos uno con ellos. Algunos dilemas no son del reino del intelecto. Vienen de nuestros sentimientos y de nuestros deseos y penetran nuestro inconsciente y nuestro cuerpo, hacia la médula de nuestros huesos. Me convertí en un campo de batalla. No podía saber si sobreviviría hasta que la tormenta pasara, pero no en el sentido físico, sino en el sentido más profundo de lo central en mí. Experimenté destrucción sobre destrucción y sentí una tremenda añoranza de la presencia de aquellos que amo, aunque sabía que, si hubieran estado presentes, los hubiera tenido que ahuyentar o yo mismo salir corriendo. Cuando la tormenta finalmente pasó, capas de argamasa interior yacían rotas. Sobre el campo de batalla ahora desierto, algunos rayos de sol se asomaban a través del horizonte, demasiado débiles para dar calidez a mi alma cansada.

Yo estaba lleno de heridas, sin embargo, experimentando una conmovedora sensación de soledad. Nadie me reconocería en mi nueva manifestación. Nadie cercano a mí sabría que era yo. Los amigos quieren que aparezcas en la forma familiar en que te conocen. Quieren que permanezcas intacto, el mismo. Pero eso es imposible. ¿Cómo continuaríamos la vida si no cambiásemos? Para vivir, debemos morir a cada instante. Debemos sucumbir una y otra vez en las tormentas que hacen posible la vida. Sería mejor, pensé, si cada uno me retirase de sus pensamientos. No puedo ser un ser humano y al mismo tiempo ser un inmutable objeto de amor u odio, de enojo o devoción. Tengo que continuar creciendo. De niño, la ropa que me hacía mi madre siempre me quedaba pequeña. Puedo preservar en un baúl para recuerdos esas vestimentas fragantes de infantil inocencia y del amor de mi madre. Pero ahora debo tener ropas nuevas y diferentes que sean apropiadas a la persona en la que me he convertido. Debemos coser nuestras propias ropas y no simplemente aceptar los trajes que la sociedad hace para nosotros. Las ropas que yo hago para mí mismo puede que no estén a la moda o ni siquiera sean aceptadas. Pero es más que una cuestión de ropas. Es un tema de quién soy como persona. Rechazo el metro que otros usan para medirme. Yo tengo mi propio metro, uno que descubrí, aun si me encuentro oponiéndome a la opinión pública. Yo debo ser quien soy. No puedo forzarme a volver dentro del caparazón que acabo de romper para salir. Esto es fuente de gran soledad para mí. Tal vez pueda persuadir a mis amigos más queridos a acompañarme en mi viaje a través del espacio, pero podría ser confuso para ellos o incitar sentimientos de odio o resentimiento. ¿Me forzarían a retornar a la tierra, de vuelta al plano ilusorio de esperanzas, deseos y valores en nombre de la amistad? ¿Qué bien podría eso traer para cualquiera de nosotros?

Por eso deseo quemar los refugios donde estuvieron mis amigos. Deseo incitar el caos para ayudarlos a romper los caparazones en que están confinados. Quiero romper las cadenas que los atan y derribar a los dioses que los restringen. Para que crezcan dentro nuestras diversiones mezquinas o aun tristezas que no deberán dominarnos. Una persona libre ni adhiere ni viola las reglas de la vida. El momento más glorioso en la vida es ser testigo del retorno de un amigo, no exactamente un retorno, sino un momento infinitamente exquisito cuando él emerge del caos causado por la aniquilación de su último refugio. Ahí está, liberado de los duros caparazones de una vida milenaria, noblemente de pie en la brillante luz que llega de su refugio ardiendo. En ese momento, él lo perderá todo, pero en ese mismo momento él lo posee todo. Comenzando en ese momento, estamos realmente presentes el uno para el otro.

Durante mi lucha era incapaz de tener una conversación; aun después que Steve retornó, solo pude hacer tareas manuales. Steve se dio cuenta de que yo estaba atravesando algo inusual y procuró no molestarme. Cuando pienso lo sensible que fue en ese momento, me llena un gran afecto. No trató de imponer una charla. Solo comunicaba lo que era esencial. De vez en cuando me daba cuenta de que me estaba mirando con ojos llenos de interés. Pasaba tiempo en el cuarto de forma tal que yo pudiera estar en la habitación del frente. Era tan comprensivo. Un domingo por la mañana sugerí caminar hacia el río. Nos sentamos en el césped hasta la tarde y volvimos a casa. No intercambiamos una palabra en todo ese tiempo. Cuando llegamos al apartamento, Steve me preguntó en una suave voz: «¿Estás cansado Thây?». Le respondí que no y le di las gracias.

La juventud es el tiempo de buscar la verdad. Años atrás escribí en mi diario que, aun si te destruye, debes sostener la verdad. En ese momento supe que encontrar la verdad no era lo mismo que encontrar la felicidad. Uno aspira a ver la verdad, pero cuando la ha visto, no puede evitar sufrir. En caso contrario, no has visto nada. Todavía albergas convenciones arbitrarias colocadas por otros. La gente se juzga a sí misma y juzga a otros basándose en parámetros que no les son propios. De hecho, dichos parámetros son meros pensamientos cargados de deseos tomados de la opinión pública y de los puntos de vista comunes a todos. Una cosa es juzgada como buena y otra como mala, una virtuosa y otra maligna, una verdadera y la otra falsa. Pero cuando has llegado a esos juicios a través de criterios que no te pertenecen, no son la verdad. No se puede pedir prestada la verdad. Solo puede ser experimentada directamente. El fruto de la experimentación, el sufrimiento y el encuentro directo entre el propio espíritu y la realidad, la realidad del momento presente y la realidad de diez mil vidas. Para cada persona es diferente. Y hoy es diferente con relación a ayer.

Cuando descubrimos algo que es verdad hoy a través de nuestra experiencia directa, vemos que lo que asumimos previamente era equivocado o, al menos, incompleto. Nuestra nueva forma de trascender el deseo de ayer, los prejuicios, la estrechez mental y los hábitos. Vemos que usar los moldes dorados o los criterios de esmeralda de la comprensión de ayer no es menos que esclavitud o estar prisionero. Cuando alcanzamos una nueva comprensión de la realidad, es imposible aceptar cosas que sabemos que son falsas. Nuestras acciones estarán basadas en nuestra comprensión y seguiremos solo estas reglas que hemos probado a través de nuestra experiencia directa. Rechazaremos reglas y convenciones falsas del orden social establecido. Pero deberíamos esperar que la sociedad se vuelva contra nosotros vengándose. La historia humana está plagada de tragedias causadas por esa venganza. La historia nos enseña que morimos si nos oponemos al sistema, a pesar de que muchos individuos continúan desafiando la oscuridad, a pesar del peligro de hacerlo. Los que persiguen la verdad son miembros de la comunidad de buscadores de la verdad y re-

formistas a través del tiempo y del espacio. No se resignan a
un destino colectivo que no ofrece laureles. Los débiles rayos
de luz que aparecen después de la desolación de la tormenta
me hacen sentir más solo y abandonado. Sentí el insoportable
dolor de una mujer que está a punto de dar a luz a un niño
que sabe que será sentenciado a muerte. Está consumida por
la desesperación, sin consuelo y humillada. Sabe que ella lleva un niño en su vientre, pero que el niño ya está condenado
a muerte. Y sabe que tendrá que ser testigo de la muerte de su
hijo. No hay forma de evitar su destino. ¿Por qué ella no puede dar a luz a un niño saludable y dulce como otras madres,
un niño que podría darle esperanza, orgullo y alegría, un niño
que le hiciera recibir los halagos de otros? Pero necesitamos
erguirnos por la verdad. No podemos simplemente juntar moho
como una vieja roca o asumir una identidad falsa cuando hemos visto la verdad.

Había una pobre joven mujer que soñaba con vivir en el lujo,
rodeada de joyas y sedas. Entonces conoció a un viudo y se casó
con él y su sueño se convirtió en realidad. A ella ni le importó
que su marido no se hubiera casado con ella por amor. De hecho,
él se casó con ella porque ella se parecía mucho a su primera
esposa. Ella aceptó vestirse, actuar y hablar como la primera esposa. Primero, no fue un problema, pero gradualmente fue
tornándose muy opresivo. Ella era ella misma, sin embargo,
tenía que actuar como la primera esposa, vestir los colores que
le gustaban a la primera esposa, leer los libros que le gustaban
y comer la comida que le gustaba comer. La joven no pudo

continuar. Era sofocante. Ella no era más que un maniquí en el cual el esposo colgaba la ropa y la personalidad de su primera mujer. Pero ella no tenía el coraje de abandonar el lujo al que se había acostumbrado. Estaba atrapada por sus deseos.

Cualquiera que lea esta historia deseará que esa mujer junte la fuerza necesaria para abandonar a su marido y pueda retornar a una simple vida en el campo donde pueda reclamar su verdadero Yo. Pensamos: «Si estuviera en su lugar, eso es lo que haría». Pero somos solo observadores externos para quienes la solución parece fácil. Si estuviésemos realmente en su lugar, sufriríamos la misma confusión e indecisión. ¿A quién entre nosotros no le ocurriría? Haríamos lo mismo. Nos sentimos forzados a cumplir con las deshumanizantes demandas de la sociedad, bajamos nuestras cabezas y obedecemos. Comemos, hablamos, pensamos y actuamos en función de las demandas de la sociedad. No somos libres de ser nosotros mismos, así como esa mujer no era libre de ser ella misma. Nos convertimos en piezas en el sistema, mercaderías, no seres humanos. Nuestra individualidad está minada, pero nos conformamos por no tener el coraje de rechazar las exigencias de la sociedad. No somos mejores que la esposa de ese hombre. Nosotros también nos hemos acostumbrado tanto a nuestra forma de vida con sus comodidades y conveniencias que permitimos ser colonizados.

Un día, esa mujer descubre que la primera esposa había sido infiel a su marido. Ella lleva esa información a su esposo, esperando que él entre en razones y le permita ser ella misma.

Pero él le responde que conocía la infidelidad de su primera esposa y que, por ese motivo, él la mató. Su muerte, sin embargo, no logró extinguir su ira. Cuando vio cuánto se parecía ella a su primera esposa, se casó con ella y le insistió en que se vistiera y que actuara exactamente como ella. Ahora finalmente ella se había convertido en su primera esposa y él la volvería a matar. Embistió contra ella y ella peleó por su vida.

No sé si la mujer murió o no. Dejo la historia sin terminar. Si ella no murió, ciertamente se aproximó al borde del abismo, como muchos de nosotros ahora. Espero que la humanidad se despierte a tiempo y que no espere, como ella hizo, resistiendo hasta el último momento.

Una mañana percibí que el cielo brillaba. Recibí de casa una postal de cumpleaños que llegó exactamente ese día. Ese día sentí que había renacido. En la postal, Tue había copiado tres líneas de un poema de Vu Tru:

Caminando en el desierto desolado,
un oso me ataca por sorpresa.
Simplemente lo miro a los ojos.

«Sí –pensé–. He mirado a la bestia directamente a los ojos y he visto lo que es. Soy alguien recuperándose de una enfermedad casi fatal a quien le ha saltado la muerte al rostro». Me vestí, salí a caminar y anduve por Broadway, sediento de la mañana de sol después de tantos días de oscuridad. Los vientos de la tormenta finalmente habían desaparecido.

24-25 de diciembre de 1962, Princeton, Nueva Jersey

Dos días después de mi cumpleaños, fui a un templo budista a orar por mi madre. Era el día de luna llena de octubre, el aniversario de la muerte de mi madre. También era el primer día de la celebración de tres días que el templo organizaba para conmemorar el setenta aniversario del budismo en Estados Unidos.

Cerca de doscientas personas se habían reunido, representando a muchos países, aunque la mayoría era de Japón. No es un templo muy grande, el santuario es aproximadamente del tamaño del que está en la Sala del Buda de la Pagoda An Quang, pero le han dado el ilustre nombre de Academia Budista Americana. Se ofrecen cursos y práctica de filosofía budista, como así también clases de japonés, ceremonia del té y arreglos florales. El templo es propiedad de la secta japonesa Tierra Pura, está dirigido por Hozen Seki, el monje superior y un tal doctor Phillips, que fue profesor de la Universidad de Delaware.

Hay aproximadamente ochenta mil budistas en Estados Unidos. En su mayoría, chinos y japoneses. La sede central de

Tierra Pura está en Washington, D.C. Se han ordenado cerca de setenta ministros Tierra Pura, todos japoneses que viven a lo largo de Estados Unidos. Algunos de ellos también enseñan japonés y literatura en universidades norteamericanas. En total, hay cincuenta y cuatro templos Tierra Pura, pequeños y grandes. El de Nueva York es más pequeño que el de Washington. En la ceremonia encontré a dos monjes theravada vestidos con túnicas azafrán, el venerable Anuruddha de Connecticut y el venerable Vinita de Massachusetts. El embajador de Sri Lanka, el señor Susantha de Fonseka, también estaba ahí.

Caminé las cinco cuadras desde mi apartamento hasta el templo en Riverside Drive, 331, y llegué justo para el sermón. Tengo que admitir que el sermón no me resultó muy inspirador. Este tipo de sermones raramente serían efectivos para plantar semillas del budismo en Estados Unidos. La secta Tierra Pura enfatiza la búsqueda de la salvación mediante lo que aparenta ser una causa externa. Este abordaje es conocido para europeos y norteamericanos que tienen muchos seminarios y ministros muy elocuentes para esparcir la palabra de salvación cristiana. Los esfuerzos de la secta Tierra Pura de parecer iglesias occidentales reflejan su falta de comprensión de las verdaderas necesidades norteamericanas. Los norteamericanos valoran mucho la independencia. Sus hijos son estimulados para ser autosuficientes y seguros de sí mismos. Un abordaje budista que enfatiza el esfuerzo en uno mismo y la realización de uno mismo como el zen para construir, desarrollar y despertar lo individual parece ser más apropiado para el espíritu norteamericano. El cristianismo y el budismo Tierra Pura aparentan considerar que los humanos son muy débiles para alcanzar la salvación sin intervención divina. De hecho, el zen está generando mucho interés aquí. La voz del profesor D.T. Suzuki ha tocado una fibra sensible a lo largo del país. La gente vive en una sociedad frenética, exhausta de planes y pensamientos interminables, están sedientos de la serenidad y la autosatisfacción que ofrece un camino como el zen.

A los norteamericanos les gusta comer comida japonesa, escuchar música de koto, asistir a ceremonias de té y hacer arreglos florales. Después del sermón, había un concierto de koto. Para mí, el koto tenía un papel más importante que el poco atractivo sermón. Yo estaba sentado entre dos americanos que parecían distraídos durante el sermón, pero que obviamente estaban disfrutando la música.

Yo también disfruté la música. El nombre del músico era Kimioto Eto, un joven de aproximadamente treinta años con un rostro gentil y abierto. Vestía un kimono negro. Subió al escenario guiado gentilmente por un hombre joven, del que se tomaba del brazo. Me pregunté si no veía bien. Después que fue presentado por el reverendo Eki, Eto se sentó lentamente y sonrió. Su presencia me tocó en lo más profundo. Nunca miró al público, pero fijó su mirada en el estrado que estaba cubierto por un paño blanco. Su sonrisa era tranquila y genuina. Nunca imaginé que una sonrisa así sería posible en este país.

Dijo que quería dedicar su concierto a Kanzeon, el Bodhisattva de la Compasión, para conmemorar los setenta años del budismo en Estados Unidos. Explicó que el número siete tenía significancias personales para él. Su padre murió hace siete años y su madre murió hace siete meses. Sus ojos llenos de lágrimas y su tranquilo rostro eran de un intenso sentimiento. Detecté elementos de fe, recuerdos y tristeza en su rostro. Tocó canciones que había compuesto él mismo. La primera se titulaba «Canción de la esperanza». A pesar de que la melodía estaba teñida de tristeza y anhelo, también expresaba resistencia y el deseo de seguir avanzando. La segunda canción, «Viento de otoño», tenía el aroma de los recuerdos de la gente amada y la tercera canción, «Lenguaje de fe», expresaba su devoción al camino de la compasión. Cada pieza era seguida por una larga pausa durante la cual tenía la impresión de que la audiencia dejaba de respirar y simplemente miraba al joven músico con una sonrisa serena. Al final de la tercera canción, él dijo que era ciego. Todos parecieron conmovidos y mi ser total fue profundamente tocado. Nadie había adivinado que era ciego.

Tuve deseos de llorar, me puse de pie y salí, aunque faltaban más piezas. Tres hermosas piezas eran suficientes para mí. Caminé lentamente por el Drive Riverside, sintiéndome algo melancólico. Todavía podía ver la sonrisa de Kimioto en mi mente, maravillosamente serena. Nadie podría tener tal sonrisa a menos que hubiera pasado por un gran sufrimiento. Entendí por qué su sonrisa me había conmovido tan profundamente en el momento que lo vi.

Riverside Drive estaba abandonada, recordaba las advertencias de mis amigos de nunca caminar solo de noche en una calle vacía. Como cualquier ciudad de la tierra, Nueva York tiene su cuota de criminalidad. Crucé la calle Ciento ocho volviendo hacia Broadway y al hacerlo pude ver la luna tan redonda como la cara de loto del Buda. Aparecía como magia en una franja de cielo enmarcada por torres de rascacielos. Parecía como si la luna y yo viajáramos en la misma dirección.

La luna llena de octubre. Mi madre estaba conmigo. No había duda de que ella me había seguido hasta el templo mientras la luna empezaba a asomarse por encima del horizonte. Mientras iba escuchando el sermón y luego la música de Kimioto, la luna brillaba sobre el techo del templo y me siguió hasta casa. Mi madre había muerto hacía seis años el día de luna llena de octubre. La luna de medianoche es tan delicada y maravillosa como el amor de madre. Los primeros cuatro años después que ella murió, me sentí huérfano. Entonces una noche vino a mí en un sueño y desde ese momento no sentí más su muerte como una pérdida. Comprendí que ella nunca había muerto, que mi tristeza se basaba en ilusión. Apareció en mi sueño en una noche de abril cuando aún vivía en las altas tierras centrales de Vietnam. Se la veía muy similar a como siempre, y le hablé de una forma bastante natural, sin un trazo de tristeza. Había soñado con ella muchas veces antes, pero esos sueños no habían tenido el impacto en mí como el de esa noche.

Cuando desperté mi mente estaba en paz. Me di cuenta de que el nacimiento y la muerte de mi madre eran solo conceptos, no la verdad. La realidad de mi madre estaba más allá del nacimiento o la muerte. Ella no existió por el nacimiento, ni había dejado de existir por la muerte. Vi que ser y no ser no están separados. El ser solo existe en relación con el no ser y el no ser puede existir solo en relación con el ser. Nada puede cesar de ser. Algo no puede surgir de nada. Esto no es filosofía. Solo estoy diciendo la verdad.

Esa noche, era aproximadamente la una de la mañana cuando me desperté y mi tristeza se había ido. Vi que la idea de que había perdido a mi madre era solo una idea. Habiendo podido ver a mi madre en mi sueño, me di cuenta de que podía ver a mi madre en todos lados. Cuando salí al jardín inundado con suave luz de luna, experimenté la luz como la presencia de mi madre. No era apenas un pensamiento. Podía realmente ver a mi madre en todos lados, todo el tiempo.

En agosto, cuando todavía estaba en Pomona, escribí un pequeño libro titulado *Una rosa para tus bolsillos* para ayudar a los jóvenes de mi tierra a apreciar el milagro de tener una madre. Mientras escribía, los pájaros cantaban en el bosque. Solo después que lo envié a Nhien, me di cuenta de que había estado escribiendo desde esta nueva forma de ver. Era la forma que describí en mi carta a Thây Than Tu. Cuando enseño literatura vietnamita siempre menciono estos versos del maestro zen Thich Man Giac, de la dinastía Ly:

No digas, cuando la primavera se haya ido,
que no hay más flores.
Justo anoche, al frente de la casa,
una rama de ciruelo floreció en medio del invierno.

Siempre admiré el sentimiento de este poema, pero nunca comprendí totalmente el significado que le había querido dar el venerable Man Giac hasta esa noche cuando comencé a ver las verdaderas maravillas de las cosas, como percibir el florecer de una rama de ciruelo en una oscura noche de invierno.

En estos tiempos, la pelea entre viejo y nuevo alcanzará su punto máximo. No ha terminado aún y cargamos cicatrices de esta pelea en nuestros corazones. Preguntas hechas por filósofos contemporáneos nos hacen sentir perdidos y ansiosos. Mentes confundidas sugieren que la existencia carece de sentido, que es casi un absurdo y esto agrega otra capa de negro a nuestro oscurecido corazón. «La existencia es inútil. Los humanos son deleznables. Nadie puede esperar ser buena gente. No hay forma de embellecer la vida». Hay quienes, aun adoptando estos posicionamientos mentales, adhieren a la ilusión de que somos libres para ser quienes queremos ser. Sin embargo, la mayor parte del tiempo meramente estamos reaccionando gracias a las heridas grabadas en nuestros corazones o actuando desde nuestro karma colectivo. Casi nadie oye a su verdadero ser. Pero cuando no somos nosotros mismos, cualquier libertad que creemos tener es ilusoria. A veces rechazamos la libertad porque le tememos. Nuestro verdadero ser está enterrado bajo capas de ladrillo y musgo. Tenemos que atravesar esas capas y ser liberados, pero también tenemos miedo de que esto nos pueda quebrar. Tenemos que poder recordarnos una y otra vez que las capas de musgo y ladrillo no son nuestro verdadero ser.

Cuando te das cuenta de esto, ves cada fenómeno, cada *dharma* con ojos nuevos. Comienza mirando profundamente dentro de ti mismo y viendo qué milagroso es tu cuerpo. Nunca hay razón para mirar a tu cuerpo con desdén o descuido. No ignores las cosas que están a tu alcance. No las valoramos. Hasta las maldecimos. Considera tus ojos. ¿Cómo podemos tomar por garantizado algo tan maravilloso como nuestros ojos? Sin embargo, lo hacemos. No miramos profundamente estas maravillas. Las ignoramos y, como resultado, las perdemos. Es como si nuestros ojos no existieran. Solamente cuando perdemos la vista nos damos cuenta de lo preciosos que eran nuestros ojos, pero ya es demasiado tarde. Una persona ciega que recupera su vista comprende lo precioso de sus ojos. Ella tiene la capacidad de vivir felizmente aquí en la tierra. El mundo de forma y color es un milagro que ofrece alegría y paz cada día. Cuando nos damos cuenta de esto, no podemos mirar el cielo azul y las blancas nubes sin sonreír. El mundo constantemente revela su frescura y esplendor. Una persona ciega que recupera la visión sabe que el paraíso está exactamente aquí, pero antes que pase mucho tiempo ella también empezará a darlo todo por hecho nuevamente. El paraíso aparece como un lugar común, y en semanas o meses ella perderá la experiencia de que está en el paraíso.

Pero cuando nuestros «ojos espirituales» se abren, nunca perdemos la habilidad de ver la maravilla de todos los *dharmas*, de todas las cosas.

Cuando era un monje joven, me enseñaron que los mayores sufrimientos eran nacer, enfermar, envejecer, morir, sueños no cumplidos, separación de los seres queridos y contacto con aquellos que despreciamos. Pero el verdadero sufrimiento de la humanidad es la forma en que miramos la realidad. Mira y verás que nacimiento, vejez, enfermedad, sueños no cumplidos, separación de los que amamos y contacto con los que despreciamos son también maravillas en sí mismos. Son todos preciosos aspectos de la existencia. Sin ellos, la existencia no sería posible. Lo más importante es saber cómo cabalgar sobre las olas de la impermanencia, sonriendo como aquel que sabe que nunca nació y nunca ha de morir.

El Buda contó esta historia: «Un hombre tiró una piedra a un perro. Enloquecido de dolor, el perro ladró a la piedra, sin entender que la causa de su dolor era el hombre, no la piedra». De la misma manera, creemos que las formas, sonidos, aromas, sabores y objetos que tocamos son la fuente de nuestro sufrimiento y que, para superar el sufrimiento, la forma, el sonido, el aroma, el sabor y el tacto deben ser destruidos. No nos damos cuenta de que nuestro sufrimiento está en la forma en que miramos y en que usamos la forma, el sonido, el sabor y el tacto porque vemos la realidad a través de la oscura cortina de nuestra estrecha visión y de nuestros egoístas deseos.

Aquí, en Estados Unidos, siento una gran nostalgia del

familiar sonido vietnamita. A veces pienso que si pudiera oír una voz familiar por dos minutos podría estar feliz el día entero. Una mañana me telefoneó Phuong. Pareció totalmente natural estar hablando con él. A pesar de que no hablamos mucho, me sentí muy bien durante el resto del día. Desde ese momento, siempre que hablo con un amigo, escucho con toda mi atención sus palabras y el tono de su voz. Como resultado, escucho sus preocupaciones, sueños y esperanzas. No es fácil escuchar tan profundamente que comprendas todo lo que la otra persona está tratando de decirte. Pero cada uno de nosotros puede cultivar la capacidad de la escucha profunda. No soy más indiferente a las cosas que ocurren frente a mis sentidos. Una hoja o la voz de un niño son tesoros de la vida; miro y escucho profundamente para recibir los mensajes que implican estos milagros. Separación de los que amamos, inconvenientes, impaciencia con cuestiones desagradables…, todas estas cosas también son hermosas y constructivas. Quiénes somos es, parcialmente, el resultado de experiencias desagradables. Mirar profundamente nos permite mirar los maravillosos elementos contenidos en las debilidades de los otros y en las propias, y estas flores del darse cuenta nunca se marchitarán. Con el darnos cuenta, vemos que el mundo del nacimiento y la muerte y el mundo del nirvana son lo mismo. Una noche mientras practicaba meditación sentada tuve ganas de gritar: «El trabajo de todos los budas ha sido completado».

No es posible juzgar cualquier evento simplemente como afortunado o desafortunado, bueno o malo. Es como la vieja historia del granjero y el caballo.[1] Debes viajar a través del tiempo y el espacio para saber el verdadero impacto de cada evento. Cada hecho contiene algunas dificultades y cada fracaso contribuye a acrecentar la sabiduría y a un éxito futuro. Cada hecho es ambos afortunado y desafortunado. Afortunado y desafortunado, bueno y malo existen solo en nuestra percepción.

La gente considera que es imposible establecer un sistema ético sin referirse a bueno o malo Pero las nubes flotan, las flores se abren y el viento sopla. ¿Qué necesidad tienen ellos de distinguir entre el bien y el mal? Hay gente que vive como nubes, flores y viento, que no piensan acerca de lo moral; sin embargo, hay personas que señalan sus acciones y palabras como modelos religiosos y éticos y los consideran santos. Estos santos simplemente sonríen. Si ellos revelasen que no saben qué es bueno y qué es malo, la gente creería que están locos.

¿Quién es el verdadero poeta? El dulce rocío que un verdadero poeta toma cada día puede envenenar a otros. Para el que ha visto dentro de la naturaleza de las cosas, el conoci-

---

1. Un día un granjero fue al campo y vio que su caballo se había ido. La gente en el pueblo le dijo: «¡Mala suerte!». Al día siguiente el caballo retornó y la gente del pueblo le dijo: «¡Eso es buena suerte!». Entonces el hijo del granjero se cayó del caballo y se rompió la pierna. Los vecinos del pueblo le dijeron que eso era mala suerte. Poco tiempo después estalló la guerra y los hombres jóvenes del pueblo fueron convocados. Pero el hijo del granjero por tener la pierna rota no tuvo que alistarse. Ahí la gente del pueblo dijo al granjero que el que su hijo se hubiera roto la pierna era realmente «buena suerte».

miento hace surgir la acción. Para los que han visto verdaderamente, no hay necesidad de filosofía de la acción. No hay conocimiento, realización u objeto de realización. La vida es vivida como el viento que sopla, las nubes que se deslizan, las flores que se abren. Cuando sabes cómo volar, no necesitas un mapa de las calles. Tu lenguaje es el del viento, nubes y flores. Si te hacen una pregunta filosófica, podrás contestar con un poema o preguntar: «¿Ya desayunaste? Entonces, por favor, lava tu taza». O señalar el bosque en la montaña:

Si no me crees, mira.
El otoño ha llegado.
¡Hojas desparramadas de colores diferentes han inundado
el bosque de montaña!

Si ellos aún no ven, puedes tomar un palo y amenazar con golpearlos para que paren de usar conceptos tratando de comprender la verdad. Si hubiese habido un poeta como este viviendo en Phuong Boi, el bosque de la montaña hubiese sido aún más radiante.

En los *sutras* budistas hay un término que se traduce como «ornamento». Recuerdo el tiempo en que el rey Hue Tong de la dinastía Ly invitó al maestro zen Hien Quang a dejar su choza de meditación para ir y estar en el palacio. Hien Quang rechazó la invitación diciendo que los talentosos y virtuosos maestros zen que vivían en la capital ya habían «adornado» bastante el palacio. La presencia de una persona realizada embellece la vida por su camino de no-acción. ¿Qué tiene que ver un camino de no-acción con planes y programas?

En quince minutos será medianoche. La Navidad casi ha llegado. Estoy despierto en esta hora sagrada escribiendo mi diario. Mis pensamientos fluyen y es hermoso volcarlos en el papel. He escrito acerca de la experiencia espiritual que me reveló cómo mirar y escuchar con atención plena. Esos momentos pueden llegar solo una vez en la vida. Aparecen como embajadores de la verdad, mensajeros de la realidad. Si no somos conscientes, puede que pasen sin ser notados. El secreto de los maestros zen es descubrir el camino de retorno a esos momentos y saber cómo pavimentar el camino para que dichos momentos surjan. Los maestros saben cómo usar la deslumbrante luz de esos momentos para iluminar el viaje de retorno, el viaje que comienza en ningún lugar y no tiene destino. El poema de Quach Thoai describe la apariencia de una dalia:

Estando en calma al lado de la cerca,
sonríes tu maravillosa sonrisa.
Quedo sin habla y mis sentidos están colmados
por los sonidos de tu hermosa canción
sin principio ni final.
Te hago una profunda reverencia.

¿Ves? El momento apareció. La cortina fue descorrida por un segundo y el poeta pudo ver. La dalia es tan común que la mayoría de las personas no la ven verdaderamente. Cuando puedes oír su canción eterna y mirar su milagrosa sonrisa, ya no es más una flor común. Es una embajadora del cosmos.

Tru Vu escribió:

> *El pétalo de una flor está hecho solo de cuatro elementos,*
> *pero emite su perfume espiritual.*
> *Tus ojos fueron hechos solo de cuatro elementos,*
> *pero irradian la energía del amor.*

Tru Vu expresaba su repentina sorpresa. El momento llegó en un pantallazo de luz y desapareció. Ser capaz de ver una vez en la vida no es un logro pequeño. Si viste una vez, siempre podrás ver. La cuestión es si tienes la determinación y el esmero. Mucha gente joven hoy se siente atrapada en prisiones de desaliento y de odio hacia sí mismos. Consideran la realidad un sinsentido y se tratan a sí mismos como seres despreciables. Mi corazón se abre hacia ellos. Atrapados en la desesperación, buscan la liberación a través de maneras destructivas. Sería hermoso si pudiésemos identificar y disolver las fuentes de semejante visión oscura de la vida.

Si empañas tus percepciones agarrándote al sufrimiento que realmente no está ahí, creas una incomprensión aún mayor. La realidad no es placentera o desagradable en sí misma. Es solo placentera o desagradable en función de cómo la experimentamos a través de nuestras percepciones. Esto no es negar que terremotos, plagas, guerras, vejez, enfermedad y muerte existen. Pero su naturaleza no es el sufrimiento. Podemos limitar el impacto de estas tragedias no suprimiéndolas completamente. Eso sería como pretender tener luz sin oscuridad, altura sin pequeñez, nacimiento sin muerte, uno sin muchos. Estas percepciones unilaterales crean nuestro mundo de sufrimiento. Somos como un artista que se atemoriza por su propio dibujo de un fantasma. Nuestras creaciones se nos hacen reales y hasta nos persiguen.

Nunca olvidaré la noche del 2 de noviembre. Era una noche sin luna, sin nubes, y el cielo estaba lleno de estrellas tan brillantes como los ojos de un niño. De hecho, ese era el cielo en mi mente. La noche real era ventosa y lluviosa. Las ventanas de mi cuarto estaban bien cerradas y yo no podía dormir. Había estado leyendo el relato de Bonhoeffer de sus días finales y desperté al cielo estrellado que hay en cada uno de nosotros. Sentí una alegría que me embargaba, acompañada por la confianza que podría soportar un sufrimiento más grande de lo que había creído posible. Bonhoeffer fue la gota que rebasó mi copa, la última conexión de una larga cadena, la brisa que suavemente empujaba a la fruta madura para caer. Después de experimentar tal noche, nunca más me quejaré de la vida. Mi corazón rebosaba de amor. Coraje y fuerza se inflamaron en mí y vi mi mente y mi corazón como flores. Todos los sentimientos, pasiones y sufrimientos se revelaron como maravillas, sin embargo, yo permanecí enraizado en mi cuerpo. Puede que algunas personas llamen a esta experiencia «religiosa», pero lo que yo sentí fue total y profundamente humano. Supe en ese momento que no había iluminación fuera de mi mente y de las células de mi cuerpo. La vida es milagrosa aun en su sufrimiento. Sin sufrimiento, la vida no sería posible. No hay nada permanente y no hay un yo separado. Tampoco hay impermanencia o no-yo. Cuando miramos la vida en profundidad, no hay muerte. Por lo tanto, no es necesario decir «la vida eterna».

Durante el siguiente mes medité sobre los *bodhisattvas* descritos en los *Sutras del loto* y en el *Prajnaparamita*. Estos seres son tan hermosos; es fácil comprender cómo su ser embellece las muchas tierras búdicas. Pero ¿por qué confinar su belleza a las tierras búdicas? ¿Qué tal justo aquí en la tierra? La presencia de *bodhisattvas* es suficiente para transformar la tierra en una tierra búdica. ¿Quién puede decir que esta tierra no es una tierra búdica? El mástil que cada año elevamos en Têt expresa la comprensión de que exactamente esta tierra es la tierra búdica.

A veces los *bodhisattvas* saludables y energéticos como el Bodhisattva del Nunca Menosprecio o el Bodhisattva del Sostén de la Tierra visten harapos. El del Sostén de la Tierra se dedica a reconstruir caminos y puentes para restaurar contacto y comunicación. En el mundo actual, de hecho, hay muchos puentes rotos e innumerables Sostenes de la Tierra dedican sus cuerpos y mentes a reconstruir puentes de comunicación y comprensión entre individuos, naciones y culturas. Adonde vaya el Bodhisattva del Nunca Menosprecio, ofrece palabras de aliento: «Tienes la fuerza de seguir adelante. Cree en ti mismo. No sucumbas a la baja autoestima y a la pasividad. Te convertirás en un buda». Su mensaje es de confianza y autodeterminación. Pienso en los campesinos de todos los países pobres del mundo. ¿Tienen a alguien que les dé coraje para creer en sus propias habilidades de forma tal que puedan construir un futuro para el cual también tienen derecho? Nuestro mundo necesita millones de *bodhisattvas* del Nunca Menosprecio.

Podemos alegrarnos de que en nuestro mundo haya muchos *bodhisattvas* que pueden encontrarse en cada lugar, sembrando semillas de fe, de soluciones, de confianza. Kwan Yin, por ejemplo, encuentra siempre la forma de estar con aquellos que sufren. No tiene miedo a nada y usa los medios que son apropiados para cada circunstancia. Toma la forma que sea necesaria: monje, político, comerciante, profesor, mujer, niño, dios o demonio. ¿Podemos escuchar profundamente como Kwan Yin? Usando cada forma y vías posibles en el espíritu de Kwan Yin, traeremos ayuda a nuestro mundo. Los sinceros espíritus de *bodhisattvas* como Nunca Menosprecio y Sostén de la Tierra reconstruirán nuestro mundo. No nos olvidemos de Kshitigarbha, el Bodhisattva de la Contención de la Tierra. Hace el voto de estar con aquellos que están en lugares de mayor sufrimiento. Mientras que un ser permanezca en el infierno, Kshitigarbha estará allí. Su espíritu es irreprimible. Donde sean encontradas estas personas, las flores se abren, aun en las profundidades del infierno.

A los *bodhisattvas* frecuentemente se los muestra usando hermosas ropas. Brillantes gemas adornan sus cabezas, brazos y cuellos. Los monjes, de forma diferente, nunca visten a la moda. La imagen de un *bodhisattva* trata de simbolizar de qué forma los *bodhisattvas* embellecen y adornan la vida. Su presencia hace la vida hermosa. Los artistas los retratan en ropas tan coloridas como las de los niños en la noche de Año Nuevo, tan brillantes como un temprano día primaveral. Nadie ve la existencia de los que sufren más profundamente que un *bodhisattva*, ni nadie mantiene una sonrisa tan constante y refrescante. Puedo oír a los *bodhisattvas* decir: «No estamos aquí para llorar y lamentarnos, estamos aquí para hacer la vida hermosa».

Debemos agradecer a estos amigos y también deberíamos vestir nuestras ropas más finas para ayudarlos a adornar la vida. Se deleitarán de oírnos llamarlos amigos nuestros. No necesitamos pensar en ellos como seres remotos sobre pedestales. Podemos reconocer su presencia cada día, entre aquellos que vemos. No es arrogancia lo que nos permite acercarnos a ellos como amigos. Es libertad de las ideas rígidas que nos han encerrado. ¡Oh, Oriole, a pesar de que tu garganta es estrecha, canta y permite que tu canción alabe las maravillas de la vida! El collar de gemas de Kwan Ying está brillando como tu canto. Dejemos el sol de la mañana bañar las colinas como una dorada vertiente y dejemos florecer todas las flores como si fueran una, hasta que cubran las praderas dando la bienvenida al milagro de la plena consciencia.

Esa maravillosa noche mi mente y corazón se abrieron como una flor y percibí a todos los *bodhisattvas* como queridos amigos ayudándonos aquí y ahora en esta vida y no solo como lejanas deidades. Esta misma vivencia está expresada en un *gatha* diario:

Cuando florece el loto,
vemos inmediatamente al Buda
y tocamos la realidad del no nacimiento y la no muerte.
Todos los bodhisattvas se convierten en nuestros compañeros.

Una vez que nuestras mentes y corazones se han abierto como flores, nunca se marchitarán. Serán como las flores de loto en la Tierra Pura. La luz desparramada por los capullos de lotos en flor nos mostrará dónde encontrar a nuestros amigos a lo largo del camino.

A medianoche, mientras la nieve caía suavemente, me puse un cálido abrigo y caminé hasta el Centro de la Residencia Universitaria. Me senté al lado de Ralph Nelson, que estaba viendo un especial de Navidad en la televisión. La familia de Ralph vive en el sur, que está muy lejos para poder ir hasta allá para una visita de vacaciones. Tuve claro que él echaba de menos a su familia. Había conducido hasta Pensilvania hacía dos días para visitar a un amigo y volviendo para Princeton quedó atrapado en una tempestad de nieve y tuvo que parar su auto al lado del camino y dormir ahí. Puede ser peligroso quedar atrapado en una situación semejante. Las temperaturas descienden tanto que alguien en un auto cerrado puede morir congelado. Afortunadamente, Ralph sobrevivió a ese desafío y pudo volver con seguridad a la residencia. Le pregunté:

–¿Estás triste por estar separado de tu familia en Navidad?

–Estoy acostumbrado a vivir solo. No es tan grave –me respondió.

Percibí algo de tristeza en sus ojos. Después vimos una película divertida y Ralph y yo reímos hasta la una y media de la madrugada. Cuando dejamos la Residencia Universitaria, la nieve nos llegaba a las rodillas. Di a Ralph las buenas noches y me dirigí hacia Brown Hall. Cuando llegué a mi cuarto, me puse un par de calcetines secos y calenté mis pies cerca de la estufa.

El año pasado pasé la Navidad en el campo, donde pude experimentar el cálido espíritu de las familias norteamericanas celebrando esta fecha. Aquí la Navidad se parece mucho a la de Têt, los jóvenes y los mayores reciben muchos regalos.

Un joven me preguntó:

–¿Los budistas celebran la Navidad?

–Sí –respondí–, en mi país los budistas celebran la Navidad el día de luna llena del cuarto mes. Lo llamamos la misa de Buda.

Mientras calentaba mis pies, pensé en los jóvenes que acampaban en Pueblo Cherokee, y me dormí profundamente.

20 de enero de 1963, Nueva York

Durante los últimos días del año lunar, los mercados de Saigón se llenan de comerciantes y compradores. Puedo visualizar los imponentes montículos de sandías, de color verde brillante por fuera y rojo como rubíes en su interior. En Estados Unidos, es casi imposible encontrar una sandía en esta época del año. De lo contrario, compraría varias y las tallaría para hacer faroles. Ayer recibí un paquete de Vietnam repleto de regalos de Año Nuevo: sándalo, velas blancas, una lata de té, jengibre confitado, además de frutas y semillas de sandía. ¡Estaba tan feliz!

Como un hombre que practica el ocio, herví agua para el té, encendí una vela y rompí las semillas de sandía entre mis dientes. Steve no se preocupa por las semillas de sandía o, para decirlo con más precisión, no entiende la función importante que proporcionan. Tampoco le gusta el jengibre confitado. Lo probó dando un pequeño mordisco y arrugó la nariz porque le pareció demasiado picante. Fue capaz de disfrutar del té y de algo de fruta confitada. Steve me preguntó qué beneficios podrían conferir las semillas de sandía. «Muchos beneficios», le contesté. Los estadounidenses disfrutan de sus comidas favoritas para celebrar bodas, cumpleaños, Acción de Gracias y otras ocasiones especiales, sin embargo, nunca dicen que «se comen las vacaciones». En vietnamita, decimos «*an Têt*», que significa: «Comiendo el Año Nuevo».

También comemos cumpleaños, casamientos, una celebración del primer mes de bebé, el cumpleaños de sesenta años de alguien e incluso un funeral. Los tres días de Têt requieren comer constantemente. Dondequiera que vayas, estás obligado a comer algo o podrías ofender a tu anfitrión. Gracias a la costumbre de servir semillas de sandía, podemos comer continuamente sin llenarnos. El segundo beneficio es que no importa cuántas semillas de sandía comas, no tienes que preocuparte por dañar tu salud. Si comes demasiado de otros alimentos, tendrás dolor estomacal. Pero las semillas de sandía nunca causan problemas. El tercer beneficio es que, mientras tu boca esté ocupada masticando y saboreando las semillas, nadie esperará que hables. Esto es especialmente útil cuando no tienes mucho que decir.

Esto nos lleva al cuarto beneficio. Al no hablar, no tienes que preocuparte por decir algo de lo que luego podrías arrepentirte. Las semillas de sandía enseñan a las personas a tomarse el tiempo para reflexionar hasta que tengan algo útil que decir. En vietnamita, decimos: «Siempre puedes aprender de los demás, ya sea que tengan cinco años u ochenta». Las semillas de sandía han desempeñado su papel en la promoción del habla consciente en personas de todas las edades. Cuando no tienes nada constructivo que decir, simplemente usas tus dientes para abrir las semillas, mientras escuchas atentamente. Si no sabes nada sobre un tema en particular, nadie te criticará si masticas tus semillas en silencio. Steve no podía dejar de reírse mientras le explicaba estos beneficios de las semillas de sandía. Sugirió que escribiera un libro sobre el tema.

En Vietnam, ahora es primavera. Aquí todavía hace frío, y el invierno se prolongará durante al menos dos meses más. Los pinos que cubren las colinas alrededor de la pagoda de Tu Hieu brillan con sus cogollos como agujas. Los pinos siempre se ven altos y rectos en Año Nuevo. Muchos amigos deben estar paseando entre esos pinos, rompiendo ramas para traer a casa un regalo de Año Nuevo de las Tres Joyas. Los pinos sufren mucho en esta época del año. Los hermosos terrenos del templo se ven desnudos y desolados después de que la gente ha juntado manojos de ramas. Un año escuché que en el Templo Xa Loi se mandó plantar una arboleda de pinos solo para que la gente reuniera ramas, con el fin de proteger a los otros árboles. No sé si su plan funcionó o no. Sospecho que la gente consideraba que las ramas cultivadas eran menos «auténticas» y no tan capaces de emitir el «Espíritu de Buda» como los otros árboles. La práctica de romper ramas para llevar a casa deja entonces de ser una hermosa costumbre cuando los árboles están siendo dañados.

Las charlas y ceremonias del Dharma a las que asisten grandes multitudes en el Año Nuevo sirven para algo, pero espero que también se preserven espacios para la serenidad en los templos. Es bueno cuando una persona tiene la oportunidad de entrar en un espacio pequeño y tranquilo para tener un contacto personal con el Buda. Los espacios pequeños y tranquilos son más propicios para las experiencias espirituales. En tal espacio, conocer al Buda se convierte en un encuentro con tu verdadero yo. Hoy en día, las personas construyen grandes templos para celebrar servicios de oración. Aunque eso es valioso, también anhelo preservar las reuniones individuales entre el maestro y el estudiante en las que este disfruta de la atención completa del maestro, el tipo de atención que llama a la atención plena del estudiante. El maestro también se beneficia de un estudiante que está completamente presente. Cuando el Buda levantó una flor en el Pico del Buitre, solo Mahakashyapa sonrió. El Pico del Buitre mismo y toda la asamblea sentada allí desaparecieron, y solo dos personas estaban verdaderamente presentes, el Buda y Mahakashyapa. Ese fue un encuentro verdadero.

Una tarde, mientras paseaba de regreso a mi templo, me encontré con un grupo de jóvenes budistas que regresaban de las colinas cubiertas de pinos de Tu Hieu. Algunos iban a pie, otros en bicicleta. Cada uno de ellos llevaba una rama de pino, y yo podía sentir el dolor de aquellos árboles. Estoy seguro de que este Têt no será diferente. Espero que mis amigos harán todo lo posible para proteger los pinos.

Cuando es medianoche en Vietnam, es mediodía aquí, en Nueva York, así que planeo celebrar Têt al mediodía. El año pasado, en Princeton, recibí el Año Nuevo al mediodía con un joven vietnamita que vivía cerca. Era un tiempo, lugar y clima diferentes, pero la misma celebración. Todos en Princeton se habían ido al trabajo o a la escuela, sin saber que la gente en Vietnam estaba celebrando Têt. Pero yo estaba consciente. Sabía que Têt había llegado. Es una cuestión de toma de consciencia. Si no eres consciente de algo, aquello no existe. El sujeto y el objeto de consciencia no están separados.

Un día fui a la Biblioteca Butler para encontrar un libro de filosofía en particular. Cuando entré en la sala de filosofía, solo había dos ancianos sentados en una mesa, leyendo. Encontré el libro que quería, un volumen del profesor Schneider. Leí un buen rato, no estoy seguro cuánto tiempo exactamente. Entonces, de repente, me sorprendió el aroma particular de una flor de pomelo. Me quedé asombrado. No había allí árboles de pomelo que crecieran a más de mil quinientos kilómetros de distancia. He estado fuera de casa tanto tiempo que el más mínimo sonido u olor de Vietnam resulta muy precioso para mí.

Jazmín, lirio, ngau,
ninguno se compara con el persistente perfume
de la dulce flor del pomelo.

El pomelo es la fragancia de mi hogar y de muchas canciones populares. Dejé mi libro. Me resultaba imposible leer. Después de pensar en ello, razoné que la fragancia no podía ser real, que no podía estar emanando de una planta real. Debía de ser mi imaginación, algún recuerdo que había emergido desde mi mente subconsciente. He tenido experiencias similares en el pasado. Aquieté mi mente y regresé con el profesor Schneider. Pero ahí estaba de nuevo la inconfundible fragancia de las flores de pomelo. Tal vez una mujer joven había entrado en la habitación de manera imperceptible, emanando un perfume con olor a pomelo. No sé si tal perfume existe, pero parecía una explicación plausible. Miré mi libro, imaginando a una joven refinada y elegante, tal vez de Vietnam, o al menos de Asia. Sentí la necesidad de mirar hacia arriba y ver si esa mujer estaba realmente allí, pero me resistí. Tenía miedo de que, en lugar de ver a una modesta joven asiática, viera a una mujer descarada y muy maquillada, y no quería decepcionarme. Así que me senté allí durante cinco minutos, con miedo de mirar hacia arriba y sin poder seguir leyendo.

Como novicio, tenía que leer filosofía budista. Solo tenía dieciséis años y era incapaz de comprender conceptos como co-surgimiento interdependiente y unicidad de sujeto y objeto. Era difícil entender por qué aquel que percibe no podía existir independientemente del objeto que está percibiendo. Me las arreglé para obtener una alta calificación en mis exámenes de filosofía, pero en verdad no entendía. Razoné que, gracias a la consciencia, el mundo finito de los fenómenos podría participar del reino trascendente de la consciencia. El ser solo puede definirse en oposición al no ser, y si no hay consciencia de ser o no ser, es como si nada existiera. Las implicaciones más profundas de esto no me eran en absoluto claras.

Mientras escribo estas líneas, nadie más las ha leído todavía. Estas líneas que contienen mis pensamientos, sentimientos, papel, tinta, tiempo, espacio y escritura, así como todos los otros fenómenos que han contribuido a su existencia, solo existen en mi consciencia. Los lectores que algún día podrán leer estas líneas también yacen dentro de mi consciencia. Todos los fenómenos –Vietnam con su pomelo y naranjos en flor, elegantes cocoteros e imponentes palmeras areca, así como la animada ciudad de Nueva York, con su sol, su nieve, sus nubes, luna y estrellas– se encuentran dentro de mi propia consciencia. Son meros conceptos. Mi mundo, incluyendo a todos mis amigos y lectores, todos los pomelos y árboles de carambolo que he tocado o pensado, todo esto es un mundo de conceptos. Cuando leas estas líneas, ¿me verás en ellas? Esta ciudad, así como mis pensamientos y sentimientos, se convertirán en conceptos en tu consciencia. Para ti, estos conceptos no son el resultado del contacto directo con los objetos de mi consciencia. Vacíos de la realidad física, estos conceptos se comparten a través del medio de la consciencia. La base física de la consciencia, tanto personal como colectiva, ha desaparecido.

En el mundo conceptual, el sujeto y el objeto son dos caras de la misma moneda. Esto me quedó claro a últimas horas en una noche hace menos de dos años, cuando me alojaba en el Templo del Bosque de Bambú. Me desperté a las dos y media de la madrugada y no pude volver a dormirme. Me acosté en silencio hasta que oí la primera campana. Luego me senté y traté de localizar mis zapatillas con mis pies, pero debían de estar demasiado lejos debajo de la cama. Así que caminé hacia la ventana descalzo. El suelo fresco bajo mis pies se sentía totalmente refrescante y vigorizante. Me apoyé en el alféizar de la ventana y me asomé afuera. Todavía estaba demasiado oscuro para ver nada, pero sabía que las plantas en el jardín todavía estaban allí; el laurel rosa aun estaba en la misma esquina y las flores silvestres aún crecían debajo de la ventana.

Experimenté cómo el sujeto de la consciencia no puede existir fuera del objeto de la consciencia. El laurel rosa y las flores silvestres eran los objetos de la consciencia. El sujeto y el objeto de consciencia no pueden existir separados el uno del otro. Sin un objeto, el sujeto no puede ser consciente de nada. Montañas y ríos, tierra y sol, todos se encuentran dentro del corazón de la consciencia. Cuando surge este darse cuenta, el tiempo y el espacio se disuelven. Causa y efecto, nacimiento y muerte, todos desaparecen. Aunque vivamos a cien mil años luz de una estrella, podemos cruzar esa distancia en un instante. Los santos del pasado pueden volver al presente en un microsegundo, tan vívida es su presencia, como una llama brillante. Me quedé junto a la ventana y sonreí. Alguien que me viera sonriendo así podría haber pensado que estaba trastornado. El velo de la noche era totalmente oscuro, pero no sin sentido. Esto estaba infinitamente claro en mi consciencia. Todo en la milagrosa existencia fue iluminado por esa sonrisa.

Tú estás ahí, porque yo estoy aquí. Inter-somos. Si no existimos, nada existe. El sujeto y el objeto, el anfitrión y el invitado, forman parte el uno del otro. Sabía que, cuando llegara la mañana, no encontraría nada nuevo o inusual en el mundo visible. El cielo azul en el oeste y el horizonte rosado en el este solo existen en mi consciencia. El azul no tiene una vida separada, ni el rosa. Solo son azules y rosados en mi consciencia. Es lo mismo con el nacimiento y la muerte, lo mismo y lo diferente, yendo y viniendo. Todas estas son imágenes en nuestra consciencia. Si me miras a los ojos, te verás a ti mismo. Si estás radiante, mis ojos estarán radiantes. Si eres milagroso, mi consciencia será milagrosa. Si eres distante y remoto, seré distante y remoto. Mírame a los ojos y sabrás si tu universo es brillante u oscuro, infinito o finito, mortal o inmortal. El poeta Tru Vu escribió:

> *Debido a que los ojos ven el cielo azul,*
> *los ojos brillan en el azul cielo.*
> *Debido a que los ojos ven el vasto océano,*
> *los ojos se extienden hasta el mar.*

Mientras mi sonrisa brillaba en la noche oscura, me sentía tan suave como una nube, tan ligero como una pluma flotando en una corriente de agua fría, mi cabeza sostenida por las pequeñas olas. Mirando hacia arriba, vi el cielo azul y las nubes blancas que habían pasado durante el día. Las nubes seguían siendo blancas, el cielo todavía era azul, tal vez aún más blanco y más azul. ¿No es acaso eso un signo de la naturaleza de la realidad sin nacimiento y sin muerte? Oí las hojas de otoño susurrando en el bosque, hierbas en los campos. Luego vi una estrella en el cielo e inmediatamente regresé al lugar donde estaba parado, mis pies tocando el suelo fresco y mis manos apoyadas en el alféizar de la ventana. «Estoy aquí –dijo la estrella–. Porque existo, el universo existe. Porque yo existo, tú existes. Porque yo existo, los guijarros y las nubes distantes existen. Si todo esto no existe realmente, ¿cómo puedo yo existir? La existencia de una mota de polvo hace que todo lo demás sea posible. Si el polvo no existe, tampoco el universo, ni tú, ni yo».

Me siento feliz de estar en esta tierra. El río refleja todo en sí mismo. Gracias al caudal del río, el flujo de la vida es posible. Y la muerte está dentro de la vida, porque sin la muerte no podría haber vida. Démosle la bienvenida al flujo. Acojamos con beneplácito la impermanencia y al no-yo. Gracias a la impermanencia y a la ausencia de un yo, tenemos el hermoso mundo alabado por los poetas zen: el brillo de los plátanos, los altos y perfumados árboles areca que se elevan hasta el sol.

La tierra está llena de polvo. Nuestros ojos están llenos de polvo. No hay necesidad de buscar una Tierra Pura en otro lugar. Solo necesitamos levantar la cabeza y ver la luna y las estrellas. La cualidad esencial es la consciencia. Si abrimos los ojos, podremos ver. Estoy seguro de que el cielo tiene areca, fruta de estrella, lima y pomelo. Me río cuando pienso en que una vez busqué el paraíso como un reino fuera del mundo del nacimiento y la muerte. Es justo en el mundo del nacimiento y la muerte que el milagro de la vida se revela.

Vietnam tiene extraordinarias tormentas de lluvia. Un día, me senté junto a la ventana de la casa de un amigo y vi una escena que podría haberme quedado mirando por siempre. Al otro lado de la calle había una tienda de techo bajo que vendía de todo. Bobinas de cuerda y alambre de púas, ollas y sartenes colgaban de los aleros. Cientos de artículos estaban en exhibición: salsa de pescado y salsa de frijoles, velas y caramelos de cacahuete. La tienda estaba tan llena y tenuemente iluminada que era difícil distinguir un objeto de otro, ya que la tormenta oscurecía la calle. Un niño, de no más de cinco o seis años, con un simple par de pantalones cortos, y su piel oscurecida por horas de juego bajo el sol, se sentó en un pequeño taburete en el escalón delantero de la tienda. Comía un tazón de arroz, protegido por el voladizo. La lluvia emanaba rauda del techo haciendo charcos frente a él. Sostuvo su cuenco de arroz en una mano, sus palillos en la otra, y comió lentamente, con los ojos fijos en la corriente de agua que caía desde el techo.

Grandes gotas reventaban en burbujas en la superficie del charco. Aunque estaba al otro lado de la calle, podía adivinar su arroz mezclado con trozos de huevo de pato y espolvoreado con salsa de pescado. Levaba los palillos lentamente a su boca y saboreaba cada pequeño bocado. Contemplaba la lluvia y parecía estar completamente contento, la imagen misma del bienestar. Podía sentir su corazón latiendo. Sus pulmones, estómago, hígado y todos sus órganos trabajando en perfecta armonía. Si hubiera tenido dolor de muelas, no podría haber estado disfrutando de la paz de ese momento. Lo miré como si pudiera admirar una joya perfecta, una flor o un amanecer. La verdad y el paraíso se revelaron. Estaba completamente absorto por su imagen.

Parecía un ser divino, un dios joven que encarnaba la dicha del bienestar con cada mirada de sus ojos y cada bocado de arroz que tomaba. Estaba completamente libre de preocupación o ansiedad. No tenía consciencia de ser pobre. No comparaba sus sencillos pantalones cortos y negros con la ropa elegante de otros niños. No se sentía triste porque no tenía zapatos. No le importaba que estuviera sentado en un taburete duro en lugar de en una silla acolchada. No sentía nostalgia. Estaba completamente en paz en ese momento. Solo con mirarlo, el bienestar inundaba mi cuerpo.

Una sombra violeta revoloteó al otro lado de la calle. El niño miró hacia arriba por un instante, sus ojos sorprendidos por el borrón de color brillante, y luego devolvió su mirada a las burbujas de agua bailando en el charco. Masticó su arroz y huevo con cuidado, y observó la lluvia con deleite. No prestó más atención a los transeúntes, dos mujeres jóvenes vestidas de rojo y púrpura, llevando paraguas. De repente giró la cabeza y miró hacia la calle. Sonrió y se sintió tan absorto en algo nuevo que yo mismo me volví para mirar hacia la calle. Dos niños pequeños estaban tirando a un tercer niño en un carro de madera. Ninguno de los tres llevaba puesta ni siquiera una pizca de ropa y se estaban divirtiendo en los charcos. Las ruedas de la carreta giraban continuamente, rociando agua cada vez que el carro entraba en un charco. Miré hacia atrás al chico en la puerta. Había dejado de comer para observar a los otros niños. Sus ojos brillaban. Creo que mis ojos reflejaron los suyos en ese momento, y compartí su deleite. Tal vez mi deleite no fue tan grande como el suyo, o tal vez fue aún mayor porque yo era tan consciente de ser feliz.

Luego lo escuché gritar: «Ya voy, mamá», se levantó y volvió a la tienda. Supuse que su madre lo había llamado para que volviera a llenar su plato de arroz, pero no volvió a salir. Quizás ahora estaba comiendo con sus padres, quienes tal vez lo hubiesen regañado por demorarse tanto con su primer plato. Si así fuera, ¡pobre muchacho! Sus padres no comprendían que recién había estado en el paraíso. No sabían que cuando la mente divide la realidad, cuando juzga y discrimina, se mata el paraíso. Por favor, no regañes a la luz del sol. No castigues al claro arroyo ni a los pajaritos de la primavera.

¿Cómo puedes entrar al paraíso a menos que te conviertas en un niño pequeño? No se puede ver la realidad con ojos que discriminan o que basan toda su comprensión en conceptos. Mientras escribo estas líneas, anhelo regresar a la inocencia de la infancia. Quiero jugar aquel juego de los niños vietnamitas de escudriñar los bucles del cabello: «Uno de los bucles, eres leal con papá; dos bucles, con mamá; tres bucles, con tu tía, y varios bucles, con tu país». Quisiera hacer una bola de nieve y hacerla rodar de regreso hasta Vietnam.

En tiempos pasados, mis amigos y yo queríamos volvernos héroes que pudieran «acabar con las desgracias y disminuir la calamidad». No sabíamos lo que costaba volverse un héroe, así que intentábamos imitar a los héroes de antaño. No puedo evitar sonreír cuando pienso en nuestros sueños de juventud. Apenas teníamos el aspecto de valientes caballeros mientras empuñábamos nuestras espadas hechas de bambú y repetíamos las palabras de los ancestros. Ahora, mientras escribo, rodeado por una ciudad fría y bulliciosa, siento aún algo de esos deseos del pasado. El mundo es el mismo que cuando éramos niños, y aún espera pacientemente que surjan verdaderos héroes.

Antes de que los caballeros de antaño descendieran de sus campos de entrenamiento de montaña para rescatar a los necesitados, se entrenaron durante mucho tiempo con maestros venerados en las artes marciales. Mi formación como novicio budista consistía en un pequeño libro, *Gathas para la vida cotidiana*. Aprendí a cocinar, barrer, llevar agua y cortar leña. Algunos de nosotros no teníamos suficiente tiempo para aprender las artes de cocinar, barrer, llevar agua y cortar leña antes de ser obligados a descender la montaña. Otros descendieron por su propia voluntad antes de estar listos. Con nuestros talentos y habilidades aún sin desarrollar, ¿cómo podríamos servir a los demás? Es posible que nos hayamos visto a nosotros mismos como heroicos, indispensables, e incluso que nos hayamos llamado héroes, pero la sociedad con demasiada frecuencia acepta a aquellos que son héroes solo en apariencia, haciendo posible que esas personas piensen que son verdaderos héroes. Llegan a creer que, si no estuvieran presentes, todo se desmoronaría. Y, sin embargo, cuando mis amigos y yo dejamos Phuong Boi, el mundo no se desintegró.

La vida espera pacientemente a los verdaderos héroes. Es peligroso cuando los que aspiran a ser héroes no pueden esperar hasta encontrarse a ellos mismos. Cuando los aspirantes a héroes no se han encontrado a sí mismos, están tentados a tomar prestadas las armas del mundo (dinero, fama y poder) para luchar en sus batallas. Estas armas no pueden proteger la vida interior del héroe. Para hacer frente a sus miedos e inseguridades, el héroe prematuro tiene que permanecer ocupado todo el tiempo. La capacidad destructiva de esta ocupación incesante rivaliza con las armas nucleares y es tan adictiva como el opio. Vacía la vida del espíritu. A los falsos héroes les resulta más fácil hacer la guerra que lidiar con el vacío en sus propias almas. Pueden quejarse de que nunca tienen tiempo para descansar, pero la verdad es que, si se les diera tiempo para descansar, no sabrían qué hacer. La gente de hoy no sabe cómo descansar. Llenan su tiempo libre con innumerables diversiones. La gente no puede tolerar ni siquiera unos minutos de tiempo sin hacer nada. Tienen que encender la televisión o tomar un periódico, leer cualquier cosa, incluso los anuncios. Constantemente necesitan algo para mirar, escuchar o hablar, evitando que el vacío interior se asome en su cabeza llena de temores.

Cuando era niño, leí una historia divertida sobre un hombre que siempre se jactaba con sus amigos de sus valientes hazañas. Pero en casa tenía tanto miedo de su esposa que no se atrevía a cruzar su mirada. Los héroes actuales son así. Creen que son verdaderos héroes porque están muy ocupados, pero si pudiéramos ver su vida interior, veríamos desolación. Los héroes actuales descienden por la montaña con la intención de transformar la vida, pero en realidad son superados por la vida.

Sin una resolución firme y una vida espiritual madura, los demonios privados no pueden ser controlados.

Gathas para la vida cotidiana fue un manual de estrategia para un guerrero. Como novicios, nos lo entregaron cuando entramos en el monasterio y se nos instruía para mantenerlo cerca en todo momento, incluso para usarlo como almohada por la noche. Sus versículos nos enseñaron cómo permanecer presentes con nuestra propia mente para observarnos a nosotros mismos a lo largo de las acciones ordinarias de la vida diaria: comer, beber, caminar, permanecer de pie, tumbarnos y trabajar. Era tan difícil como tratar de encontrar un búfalo de agua extraviado siguiendo sus huellas en zigzag. No es fácil seguir el camino de regreso a tu propia mente. La mente es como un mono balanceándose de rama en rama. No es fácil atrapar a un mono. Tienes que ser rápido e inteligente, capaz de adivinar a qué rama saltará. Sería más fácil dispararle, pero el objetivo aquí no es matar, amenazar o coaccionar al mono. El objetivo es saber a dónde irá para estar con él. Ese libro delgado de versículos diarios nos proporcionó estrategias. Los versos eran simples, pero notablemente efectivos. Nos enseñaron a observar y dominar todas las acciones del cuerpo, el habla y la mente. Por ejemplo, cuando nos lavábamos las manos, nos decíamos:

Al lavarme las manos en agua clara,
ruego que todas las personas tengan manos puras para recibir
y cuidar de la verdad.

El uso de tales *gathas* fomenta la claridad y la atención plena, haciendo que incluso la tarea más ordinaria sea sagrada.

Ir al baño, sacar la basura y cortar madera se convierten en actos llenos de poesía y arte.

Incluso si tienes la perseverancia para sentarte durante nueve años frente a una pared, sentarte es solo una parte del zen. Mientras cocinas, lavas los platos, barres, llevas agua o cortas madera, te asientas plenamente en el momento presente.

No cocinamos para tener comida para comer. No limpiamos platos para tener platos limpios. Cocinamos para cocinar, y lavamos los platos para lavar los platos. El propósito no es sacarnos estas tareas de encima para hacer algo más significativo. Lavar los platos y cocinar son en sí mismos el camino a la budeidad. La budeidad no proviene de largas horas de estar sentado. La práctica del zen es comer, respirar, cocinar, llevar agua y fregar el inodoro –para infundir todo acto del cuerpo, el habla y la mente– con atención plena; iluminar cada hoja y guijarro, cada montón de basura, cada camino que conduce a la mente a nuestro regreso a casa. Solo una persona que ha captado el arte de cocinar, lavar platos, barrer y cortar madera, alguien que es capaz de reírse de los armamentos del dinero, la fama y el poder del mundo, puede esperar descender las montañas como un héroe. Un héroe así atravesará las olas del éxito y el fracaso sin levantarse ni hundirse. De hecho, pocas personas lo reconocerán como un héroe.

Las primeras delicadas señales de la primavera se están revelando ahora en Vietnam. No importa cuánto más mi patria se sumerja en el dolor y la tristeza, la primavera siempre volverá con su mensaje de esperanza. La primavera siempre nos da fe para continuar. No hay señales de verdor aquí. La nieve se desliza fuera de mi ventana. Pero la primavera llegará y los árboles desnudos y el césped ahora enterrados bajo la nieve volverán a vestirse con el tierno verdor de una próspera primavera.

Vietnam
1964-1966

5 de febrero de 1964, Cau Kinh Village

Extraño mi tiempo en Nueva York. Steve y yo compartíamos tantas alegrías y tristezas. Nunca puedo olvidar nuestro tiempo juntos. Nuestro apartamento en la calle Ciento nueve ha sido alquilado por alguien más. Steve no lo mencionó cuando lo dejé, pero yo sabía que él por sí mismo no podría afrontar el pago del alquiler y de las expensas.

Mientras escribo, estoy en una pequeña construcción hecha de hojas de palmas de coco y pajas. Las palmeras de coco siguen los arroyos y pantanos a través de Vietnam del Sur. Las paredes de esta construcción están cubiertas con una mezcla de barro y paja. Steve nunca ha visto paredes como estas. Los constructores desnudaron cañas de bambú, afilando ambos extremos, y luego las organizaron en un enrejado alrededor de cuatro postes. Ataron las cañas en su lugar con cordel de bambú. El barro fue luego mezclado con pajas y aplicado sobre el enrejado, llenando cada rincón y grieta. Le sugerí a los constructores que le agregaran un poco de cemento para hacerlo más fuerte. Una vez que las paredes de la estructura de bambú fueron cubiertas, una capa final de barro se añadió alisando la superficie. El barro se vuelve blanco-calcáreo cuando se seca y es bastante llamativo. Los vientos de la tarde aquí pueden ser ráfagas, pero este acogedor edificio de paja mantiene los vientos afuera.

Es temprano en la mañana, yo estoy sentado mirando por la ventana los campos de arroz cepillados por el sol naciente. Hacia la izquierda, una joven niña está parada en los campos. Justo delante, hay una exuberante línea de palma de coco en el arroyo húmedo. Hacia la derecha se extiende el pueblo. Veo los corrales del búfalo de agua, en el terreno más alto y seco. El suelo aquí tiene mucho alumbre, y el río se vuelve salado durante la estación seca. La ausencia de agua potable durante la estación seca puede volverse un desesperante problema.

Saigón está solo a diez kilómetros de distancia, sin embargo, este lugar es muy pacífico y tranquilo. Regresé de Saigón ayer por la tarde, después de dar clases. En el momento que llegaba al puente del pueblo, la luna llena estaba asomándose sobre los árboles de coco a lo largo del río. La brisa era refrescante mientras yo vagaba por el pueblo. Pueblos como este son aún bastante seguros en medio de la guerra. Mi sueño solo ocasionalmente se ve perturbado por sonidos distantes de disparos.

Este pueblo es el sitio para un proyecto de desarrollo experimental que mis amigos y yo iniciamos justo después de mi regreso a Vietnam. Nosotros lo llamamos un «pueblo de ayuda mutua», y serviría de modelo para la clase de comunidad sobre la que Steve y yo solíamos hablar. El nombre «pueblo de ayuda mutua» transmite la idea de que este es un pueblo donde los ciudadanos comparten la responsabilidad colectiva de desarrollar la economía local y proveer de educación y cuidados de salud. Queremos desarraigar las viejas actitudes de pasividad y dejar de esperar que sea otro el que haga algo. Hemos reclutado amigos con habilidades organizacionales que están dispuestos a aprender los desafíos de la vida rural viviendo aquí entre la gente. Esperamos que su presencia y experiencia haga catalizar un espíritu de autodeterminación entre quienes viven aquí. Los aldeanos nos han aceptado como familia. El edificio en el que estoy viviendo tiene cuatro habitaciones: tres pertenecen a la escuela del pueblo y una es como una clínica. Este edificio fue planeado y construido por los aldeanos, con el apoyo y la ayuda de nuestros amigos.

En la actualidad, dos de nuestros amigos, Tan Quang y Tan Thai, viven aquí a tiempo completo. El resto de nosotros regresamos lo más que podamos. Aprendemos de los aldeanos e intentamos testear nuestras ideas con su apoyo. Tenemos otro pueblo experimental en las cercanías de Thao Dien.

A Steve le gustaría estar aquí, pero no es buen momento para que él venga. Tiene que terminar sus estudios en Estados Unidos. Él estaba considerando la posibilidad de trasladarse a la Universidad de Saigón para profundizar su comprensión de la cultura vietnamita, pero yo siento que es esencial para él quedarse en Columbia y completar su grado allí. La situación en Vietnam es mucho más compleja de lo que Steve y yo imaginábamos cuando discutíamos nuestros planes en Nueva

York. La verdad es que la presencia de un estadounidense en uno de nuestros pueblos obstaculizaría nuestros esfuerzos. Mis amigos y yo necesitamos profundizar en nuestro manejo de la actual situación.

Llegué al aeropuerto de Tan Son Nhat, en Saigón, en una agradable tarde. El vuelo estaba programado para hacer una parada en Bangkok, pero una espesa niebla nos impidió aterrizar allí, y el piloto voló directamente a Saigón. Cuando el avión aterrizó y los motores se detuvieron, sentí mariposas en mi estómago. Phuong Boi estaba a solo doscientos kilómetros de distancia. Apenas cuatro horas en auto para llegar al bosque de montaña mecido por suaves nubes, bosque de montaña que nos protegió y nutrió durante tantos meses.

Después de casi tres años en el extranjero, estaba en casa al fin. Me sentí repuesto por las visitas familiares, pero vi por primera vez en el viaje a la ciudad lo poco desarrollada que estaba mi tierra natal. Pasamos por filas de viviendas de techo bajo atestadas de gente y bicitaxis de hombres viejos y encorvados. Vi a un anciano, con la espalda descubierta por una camisa rota, que apenas mantenía en movimiento su antiguo taxi. No tenía cliente, así que pedaleó con un solo pie, moviendo el peso de un lado a otro para aliviar sus doloridos músculos al pedalear. Entonces un cliente lo llamó, frenó y dejó que el hombre subiera a la cabina. El anciano se incorporó y pedaleó rápidamente. Niños descalzos y desnudos jugaban en las calles entre montones de basura, vendedores de zumo de caña de azúcar, y motocicletas cuyos motores sonaban como animales heridos.

Entramos en Saigón. Varios apartamentos de gran altura de estilo americano se alzaban al azar a lo largo de las calles. Multitudes de refugiados del campo habían llegado a la ciudad para escapar de la guerra. Me sentí trastornado por estas visiones y reconocí que Vietnam había entrado en una etapa terrible en su historia. ¿Podríamos mis amigos y yo hacer algo para ayudar a nuestra gente a trazar un nuevo rumbo? Esa noche me reuní con varios amigos jóvenes en el Templo del Bosque de Bambú. Al escuchar sus tristes relatos de eventos recientes, me sentí desanimado. Los militares no habían aprovechado la creciente ola de opinión pública para ayudar a que el país avanzara. Los monjes budistas de alto rango estaban tan cegados por el respeto y la admiración que la gente les daba que habían caído en un estado de complacencia. La misma práctica del budismo estaba en peligro, una amenaza que pasó desapercibida para la mayoría de la gente. Intelectuales y estudiantes, conscientes del potencial de la enseñanza budista para animar y unir a la gente, se habían acercado a los monjes, pero estaban decepcionados por su complacencia. Al mismo tiempo, ellos vieron a políticos ambiciosos acudir en masa a los monasterios para buscar el apoyo de los monjes. Intelectuales y estudiantes se desilusionaron cada vez más con la jerarquía budista. El budismo vietnamita, de dos mil años, no ofrecía una salida al lazo que estrangulaba a la sociedad vietnamita.

Escuché a mis amigos la mayor parte de la noche. Hice lo mejor que pude para consolarlos y les dije que no se desanimaran. Nuestro número puede ser pequeño, dije, pero nuestro corazón es fuerte. Debemos ser como la levadura que fermenta la masa. Compartimos nuestras esperanzas y nuestros miedos. Había tenido reuniones similares con amigos vietnamitas en París durante varios días antes de regresar a Vietnam, por lo que estaba agotado. Dormí todo el día y la noche siguientes. Cuando por fin desperté, Toan me preparó el desayuno.

Esa tarde pasé por los terrenos del Templo del Bosque de Bambú con Toan y lo escuché describir los proyectos que nuestros amigos habían organizado en mi ausencia. Esa noche celebramos una segunda reunión para establecer principios y objetivos de nuestro trabajo.

A la mañana siguiente (27 de enero de 1964) viajé solo a Phuong Boi, llevando nada más que una pequeña mochila. Tomé un autobús y me sentí aliviado de salir de la ciudad. Pasamos por bosques y granjas de árboles de caucho. Después de una parada en Dinh Quan, continuamos a través de las gargantas de las montañas hasta que por fin emergió el bosque de B'su Danglu. El imponente monte Dai Lao me saludó. Le pedí al conductor que me llevara por la autopista 190, y luego, cargándome la mochila al hombro, subí lentamente por el camino viejo.

Pasé por los viejos huertos de árboles de caucho del tío Dai Ha y me desvié de la carretera principal hacia el bosque. No había nadie a la vista. La granja del tío Dai Ha parecía desierta. Me pregunté si él y su familia se habían mudado a la ciudad para estar más seguros. Al pasar por su casa, miré por la ventana de la cocina. Sobre la mesa había una olla de arroz frío y un montón de cuencos. Quizás el tío Dai Ha había contratado a algunos trabajadores para vigilar la casa y los jardines. Quizás pudiera encontrarlos. Hice bocina con las manos y grité varias veces, pero no hubo respuesta. Crucé la segunda pendiente. El camino, alguna vez familiar, estaba completamente cubierto de maleza y extrañamente desierto. Incluso el bosque se había vuelto reservado y amenazante. Pasé entre los árboles y comencé a escalar la última pendiente. El Puente de los Ciruelos apareció ante mi vista. Varias de sus tablas de madera estaban rotas, así que tuve que caminar con cuidado. Al otro lado del puente estaba el camino que conducía a la Cabaña de la Alegría de la Meditación. Me sorprendió encontrarla tan encantadora y atractiva como lo había sido hace tres años. Alguien la había estado cuidando. ¿Quién?, me pregunté mientras seguía el camino. En el lugar donde el camino se desvía, miré hacia arriba y me sorprendió ver a Nguyen Hung junto a la Cabaña de la Alegría de la Meditación, sosteniendo una hoz y mirándome. ¡Nguyen Hung en persona! Él me reconoció en el instante exacto en que yo lo reconocí. Gritamos nuestros nombres, corrimos el uno hacia el otro y nos encontramos a mitad de camino en la pendiente.

Le pregunté a Hung qué estaba haciendo en Phuong Boi. «¿No has estado en Dalat?», le pregunté. Me dijo que se dirigió directamente a Phuong Boi después de recibir la noticia de mi llegada a Saigón. Sabía que, a pesar de las advertencias de todos, me dirigiría a Phuong Boi. Fue un reencuentro alegre, que me tomó completamente por sorpresa, aunque hacía mucho tiempo que habíamos prometido encontrarnos de nuevo aquí.

Resultó que Hung había llegado el día anterior y había despejado los caminos que conducían desde el Puente de los Ciruelos hasta la casa principal y hacia la Cabaña de la Alegría de la Meditación. Quería minimizar el impacto para mí de ver la condición deteriorada y abandonada de Phuong Boi. Estaba trabajando duro, limpiando arbustos alrededor de la Cabaña de la Alegría de la Meditación, cuando me vio abajo.

La Casa Montañesa se había quemado hasta los cimientos en un accidente –algunos granjeros de montañeses estaban quemando tierras forestales para plantar cultivos y el fuego se extendió–. Subimos la Colina Montañesa y examinamos los montones de ceniza y madera carbonizada. Nuestros corazones se sentían apesadumbrados. Las cenizas eran todo lo que quedaba del hermoso lugar donde habíamos pasado tantas horas de paz. «Cuando vuelva la paz –declaré–, reconstruiremos la Casa Montañesa». Hung asintió con la cabeza. Caminamos de regreso por la colina y visitamos todos los lugares antiguos. Phuong Boi no nos decepcionó. Tres rosas rojas ardientes habían florecido en el rosal como si anunciaran nuestro regreso. El árbol de mimosa en la esquina de la casa principal había crecido alto y era de un verde vibrante. Los pinos que yo había plantado eran altos y saludables.

Caminamos lentamente hacia el Bosque de la Meditación. El cartel que anunciaba «Montaña Dai Lao, Ermita Phuong Boi» todavía estaba allí. Los caracteres no estaban descoloridos ni apagados. Era una pintura increíble que no se había estropeado después de seis años. Me agaché para recoger una piña y fui recibido por la fragancia de las flores de *chieu*. Recogimos un ramo de flores blancas como la nieve para ofrecer en el altar de Buda, que estaba en un estado lamentable. Nadie lo había cuidado desde hacía algún tiempo y estaba cubierto de polvo y hojas.

Barrimos el altar con una rama rota y ofrecimos las flores ante la pintura de tinta descolorida del Buda. Phuong Boi había estado vacío durante demasiado tiempo. Las puertas y ventanas se habían dejado abiertas a propósito para evitar que intrusos las rompieran. Nos arrodillamos en silencio durante un largo tiempo en la sala de meditación y luego salimos, cerrando suavemente la puerta tras nosotros. La «edad de oro» de Phuong Boi había terminado. Las hogueras de Nochevieja en lo alto de la Colina Montañesa, las caminatas en las que nos vestíamos como guerreros, las tardes de recitar poesía o discutir los desafíos del espíritu y la sociedad se habían ido. Hung y yo no hablamos.

Había grafitis garabateados con carbón negro en las paredes, eslóganes de ambas partes en conflicto. Hung me dijo que había habido un feroz intercambio de disparos en el Puente de los Ciruelos que dejó varios cadáveres en el suelo. Siguieron otras escaramuzas y el tío Dai decidió mudar a su familia a la ciudad. Las únicas personas que se quedaron en la aldea estratégica cercana eran familias demasiado pobres para abandonar las escasas parcelas de tierra que les habían dado.

Phuong Boi se quedó abandonado. Nuestros libros y muebles fueron trasladados a Dai Ha Hamlet. Pudimos ver señales de que otros habían encendido fuego y habían pasado noches en la casa principal.

Más tarde le escribí a Steve y le dije que abandonara su sueño de venir a vivir con nosotros en Phuong Boi. Phuong Boi estaba marcado por la guerra, el vacío y la miseria. En las mañanas brumosas y tardes prístinas, Phuong Boi se había convertido en un nido abandonado. Todos los pájaros se habían ido volando. Querían regresar, pero los vientos y las lluvias se lo impedían.

Hung y yo nos sentamos junto al estanque y hablamos hasta que oscureció. Aunque no había señales de peligro, ambos nos sentíamos incómodos. Hung dijo que debíamos caminar de regreso a Dai Ha Hamlet antes del anochecer. Compartimos los pasteles de arroz dulce envueltos que llevaba en mi mochila mientras caminamos por la montaña. En Dai Ha, tomamos un autobús a Bao Loc, donde pasamos la noche antes de regresar a Saigón a la mañana siguiente.

Nuestro anhelo por Phuong Boi era tan grande que varios de nosotros regresamos para otra visita unos meses después, solo para ser arrestados por soldados del gobierno. Fuimos liberados después de varias horas, pero no nos atrevimos a visitar Phuong Boi nuevamente. En silencio, Phuong Boi perdura solo. Otras innumerables aldeas, montañas y ríos abandonados soportan silenciosamente la guerra. La guerra se vuelve cada día más violenta. No hay criatura viva que no anhele su fin. La guerra está hiriendo la tierra y el corazón de todos. Incluso la imagen de Phuong Boi que permanece en nuestros corazones se ha convertido en una herida.

Estaré en el pueblo de ayuda mutua todo el día. Como es domingo, la escuela del pueblo, llamada Rossignol (Canción del Pájaro de la Montaña), está cerrada. La clínica del pueblo se llama Clínica Amor. Hoy me uniré a los otros voluntarios para conocer mejor las necesidades de los aldeanos. Estamos comprometidos con estos proyectos para encontrar medios eficaces y adecuados para lograr el desarrollo rural. El futuro de Vietnam depende de esfuerzos como estos para mejorar la vida del pueblo. La independencia y la soberanía solo estarán aseguradas cuando Vietnam sea capaz de valerse por sí misma. Debemos avanzar hacia una economía estable y autosuficiente.

Vietnam no es pobre en recursos. Tanto en las tierras bajas como en las tierras altas, tenemos muchos recursos esperando ser desarrollados. Debemos dedicar un gran esfuerzo al desarrollo de los recursos agrícolas. La tecnología que está recién comenzando a desarrollarse depende de los recursos naturales. Para que la industria vietnamita avance más allá de sus primeros pasos tentativos, necesitamos usar nuestras propias materias primas y consumir los productos fabricados por nuestra propia industria. Solo así podremos evitar gastar capital en bienes extranjeros que podrían invertirse mejor en el desarrollo de nuevas industrias vietnamitas. Necesitamos aprender cómo usar la tecnología y prácticas de mercado efectivas en el desarrollo de la agricultura. El progreso agrícola no puede ser separado de los problemas de salud, educación y autogobierno. El progreso real requiere comprensión y esfuerzo de todo el pueblo.

Durante décadas, los campesinos han escuchado infinitas promesas de los políticos, pero sus vidas no han cambiado. Y ahora la guerra ha destruido sus arrozales y les ha robado sus medios de vida y seguridad. La economía se debilita cada día. La ayuda estadounidense está evitando que la economía se desmorone por completo, pero en el proceso está haciendo que Vietnam sea cada vez más dependiente. La guerra ha destruido muchas cosas, incluida la capacidad de nuestro país de valerse económicamente por sí mismo.

Recuerdo las discusiones que Steve y yo tuvimos sobre las dificultades en el diálogo Este-Oeste. A menudo me resultaba difícil expresar mis pensamientos y sentimientos de una manera que Steve pudiera comprender. Los franceses convivieron con los vietnamitas durante casi cien años. Incluso había una escuela especial, el Instituto Francés del Lejano Oriente, donde los estudiantes estudiaban la historia y la cultura de Vietnam y, sin embargo, la comprensión francesa de la cultura vietnamita seguía siendo superficial. ¿Cómo pueden los estadounidenses, en un período de tiempo mucho más corto, tener esperanzas de comprender mejor? Los estadounidenses depositan su fe en las estadísticas y los proyectos técnicos, pero sus métodos no funcionan aquí. Los métodos que funcionan en las aldeas de aquí son completamente diferentes a los métodos utilizados en las universidades occidentales. Se citan artículos, estudios y estadísticas para justificar el gasto de dinero en proyectos que no tienen ninguna posibilidad de éxito aquí. Funcionarios del gobierno vietnamita, desde los principales ministros hasta los funcionarios menores, solo están preocupados por llenarse los bolsillos. Ni siquiera les importa si queda al descubierto su corrupción.

Le escribí a Steve para tratar de ayudarlo a comprender la situación. Le expliqué cómo años de promesas incumplidas por parte del presidente Diem habían hecho que los campesinos desconfiaran de todas las promesas endulzadas. Ellos han sido utilizados y manipulados tantas veces que desconfían y temen a cualquier persona del gobierno enviado para «ayudarlos». Saben que la mayoría de los empleados del gobierno se convierten en «soldados en la guerra contra la pobreza» solo para obtener un buen salario. Estos trabajadores del gobierno vienen vestidos como en la ciudad y pasan unas horas en una aldea rural o aldea estratégica, y lo único que hacen durante estas horas es difundir propaganda gubernamental. Están completamente desconectados y no tienen ningún deseo real de servir a los demás. Sus palabras y acciones solo ofenden. Algunos de ellos disparan armas y apuntan a los pájaros para infundir miedo en la gente. Incluso tienen demasiado miedo de pasar la noche en la campiña. Los miembros del Frente de Liberación se conducen más sabiamente. Visten sencillas ropas negras como los campesinos y comparten los «Tres Encuentros» (Three Togethers) con la gente: comiendo, viviendo y trabajando. Cocinan, lavan los platos y cosechan arroz junto con los campesinos. Están durante la noche y discuten sus preocupaciones. El gobierno está perdiendo terreno a diario en la batalla contra el Frente de Liberación Nacional.

Los asesores norteamericanos tienen mucha fe en las aldeas estratégicas, pero solo tienen sentido en teoría. En la práctica, lo destruyen todo. Los americanos depositan mucha confianza en el poder del dinero, y el señor Diem deposita demasiada confianza en el poder de la tiranía. La verdadera razón para organizar aldeas estratégicas es reunir a las personas en lugares centrales donde puedan ser «defendidas», es decir, controladas, para evitar la infiltración desde el otro lado. Las áreas bajo sospecha son las primeras en organizarse en aldeas estratégicas. Un día, se ordena a los aldeanos que abandonen sus hogares y se les prohíbe llevarse sus pertenencias. Los soldados recogen a jóvenes y viejos, hombres y mujeres, y los conducen a un sector determinado, donde se les entrega una pequeña parcela de tierra, materiales para construir una choza y dinero para vivir hasta que los cultivos estén listos para la cosecha. Los soldados queman el viejo pueblo hasta el suelo para destruir cualquier *caches* (en vietnamita *caches* significa «camino») de armas ocultas u otros enlaces de los luchadores por la liberación. Los aldeanos se horrorizan cuando ven sus hogares ancestrales en llamas, y gritan en protesta. El hogar de todo campesino guarda objetos que, aunque sencillos, son insustituibles: tazones de incienso, lápidas funerarias, testamentos y cartas de seres queridos. ¿Cómo puede el dinero reemplazar esas cosas? La gente se tambalea frente a su nueva ubicación, obligada a recibir órdenes de los cuadros del gobierno y «comenzar una nueva vida». Les han robado y humillado.

La teoría es que los aldeanos ahora están «a salvo». Los miembros del Viet Cong, sin embargo, no se dejan engañar tan fácilmente. No andan con uniforme. Entran en las aldeas y viven junto a los demás aldeanos. Entonces, una mañana, alguien descubre una «mina» en la sala de reuniones del pueblo. Es solo una falsificación, pero lleva el emblema del Viet Cong. El alambre de púas que rodea la aldea deja de tener sentido. La mina falsa sirve como una poderosa amenaza, «Estamos aquí, así que ten cuidado». La falsa sensación de seguridad se desenreda. ¿Cómo se puede ganar una guerra a balazos cuando ni siquiera se sabe dónde está el frente?

Las aldeas estratégicas se crean para servir a una agenda política, no social. Por eso la gente ignora la propaganda del gobierno de querer mejorar el nivel de vida de los campesinos. Mis amigos y yo estamos convencidos de que un movimiento para reconstruir nuestro país debe tener una base completamente diferente. Queremos iniciar una guerra contra la pobreza, la ignorancia, la enfermedad y la incomprensión.

Tenemos dos aldeas experimentales en el sur y dos en el centro de Vietnam, en Khanh Hoa y Thuc Thien. Al principio, los aldeanos nos miraron con sospecha. Mantuvieron la distancia, permaneciendo fríos como piedras. Cualquier intento de persuadirlos de nuestros motivos habría sido inútil. Ya habían pasado por demasiadas «revoluciones sociales». Hicimos todo lo posible por ser humildes y pacientes, y después de un tiempo sus actitudes hacia nosotros comenzaron a cambiar. Cuando devolvieron nuestras sonrisas con sonrisas sinceras, nos animaron mucho. Comenzaron a abrirse a nosotros y a participar en los proyectos que estábamos haciendo por nuestra cuenta, como intentar crear una escuela sencilla para los niños. Al ganarnos gradualmente su aceptación, supimos que nuestros esfuerzos serían cien veces más efectivos. Una vez que empezaron a trabajar con nosotros para planificar y llevar a cabo proyectos que mejorarían y desarrollarían la aldea, comprendimos cuán capaces eran estas personas. La gente de las pequeñas aldeas rurales en todo Vietnam es el recurso más grande y menos explotado del país.

Pero Vietnam está dividido. La guerra ha destruido la confianza, la esperanza y todos los esfuerzos constructivos del pasado. La gente sospecha de cada acto de buena voluntad y de cada promesa hecha. La religión es la única institución que aún puede inspirar unidad y responsabilidad social. Nosotros debemos utilizar los recursos de nuestras tradiciones espirituales para lograr cambios. El budismo tiene mucho que aportar a este trabajo, pero no podemos esperar a que actúe la jerarquía religiosa. Ellos son reacios a provocar cambios y han rechazado repetidamente nuestros esfuerzos por crear un budismo comprometido. Nuestras propuestas se encuentran en carpetas sin abrir sobre sus escritorios, acumulando polvo. Por lo tanto, mis amigos y yo confiamos en nuestros propios recursos para ganar, primero, el apoyo de la gente y, finalmente, el apoyo de la jerarquía budista. Ganar la comprensión y el apoyo de la gente es primordial.

Ahora tenemos una infraestructura de voluntarios que pueden ayudar a desarrollar aldeas de ayuda mutua. Ellos son igualmente conocedores de las preocupaciones sociales y la enseñanza religiosa, y conocen métodos eficaces para combatir la pobreza, las enfermedades, la ignorancia y los malentendidos. No trabajan por salario o poder, sino con amor y consciencia. El espíritu de ayuda los motiva. Son jóvenes, como Steve y Nguyen Hung, que son fieles y amantes de la paz, y rechazan una vida basada en el materialismo. Buscan solo la felicidad que puede traer una vida de servicio. Tienen el espíritu adecuado para triunfar.

A Vietnam no le falta gente joven. Hay decenas de miles, quizás cientos de miles de ellos. Sus ojos brillan con fe. En unos meses abriremos la Escuela de los Jóvenes para los Servicios Sociales, un nuevo tipo de universidad que capacitará a trabajadores para el desarrollo comunitario. El personal estará formado por personas jóvenes, capaces, todas ansiosas por empezar. No tenemos dinero, pero tenemos un plan, buena voluntad y mucha energía.

20 de marzo de 1964, Saigón

El telegrama de Steve fue un shock. El profesor Anton Cerbu había muerto. Nunca pensé que perderíamos a un amigo tan cercano tan pronto. Estaba muy ocupado cuando dejé Nueva York, y solo tuve un momento para llamarlo por teléfono y decir adiós. Él dijo que esperaba que la situación en Vietnam mejorara pronto, de manera que pudiera regresar a Nueva York y completar el proyecto que habíamos discutido tan a menudo: crear un Departamento de Estudios de Vietnam en Columbia. La idea me interesaba, porque sería otra manera de servir a mi patria. Ya hay departamentos de estudios de Japón, China y Corea en Columbia, y ahora el interés se está volcando en Vietnam. Recuerdo el rostro animado de Anton y sus ojos brillantes cada vez que hablábamos del plan. Ahora que ya no está, el Departamento de Estudios de Vietnam no podrá crearse. Hemos perdido una columna de apoyo. Anton había estudiado en el Instituto de Lenguas Orientales de París, y sabía leer vietnamita. Disfrutaba su espíritu joven y tranquilo. Mientras estoy aquí sentado, su imagen viene clara a mi mente. Anton ha muerto, dejando atrás mucho trabajo sin terminar.

Trabajos de investigación, borradores y documentos sin publicar. Me pregunto si alguien va a revisar sus papeles y prepararlos para su publicación.

En diciembre, poco antes de que dejara Nueva York, Anton me aconsejó que me quedara en Estados Unidos. Él decía que no era el momento de regresar, que no iba a encontrar apoyo en Saigón para mis ideas. Al final, el deseo de volver a Phuong Boi y ver a mis amigos prevaleció. No estaba preocupado por la salud de Anton, porque parecía muy animado después de su operación. Inclusive lo tuve que convencer para que descansara de hablar. Tenía miedo de que se agotara. En esa misma visita, me prestó su libro *Estudios de literatura de la Antigua Vietnam*, de Nguyen Dong Chi. Le prometí en nuestra última conversación telefónica que regresaría a Nueva York «en unos pocos años». Ahora él ha partido. Yo sé lo mucho que lo amaban Steve y todos sus estudiantes. Varios de ellos se ofrecieron a donar sangre cuando él ingresó al hospital.

Con la primavera ya acercándose, ¿por qué estaba tan apurado Antón? ¿No podía esperar a que las flores brotaran en las ramas? Quizás el invierno fue muy largo para él. Y hubo tantos cambios este año pasado. Pienso en Steve, y puedo imaginarme su rostro cuando recibió la llamada telefónica de la familia de Cerbu diciéndole que Anton había fallecido. La cirugía no tuvo éxito. Estoy seguro de que todos en el Departamento de Estudios Orientales lamentan su muerte. Miriam probablemente me envíe una carta pronto.

Aunque el profesor Cerbu ya no esté, estoy seguro de que

Steve va a continuar con el camino que él comenzó. Yo le aconsejé que no abandonara sus estudios de sánscrito y chino. Algún día él y yo trabajaremos juntos. No quiero que la muerte de Anton lo desanime. Todavía estoy aquí, y voy a escribirle regularmente.

He tenido ganas de preguntarle a Steve dónde come, y quién cocina. Yo cocino solo ocasionalmente aquí, porque hay tantas otras cosas por hacer. Hung y yo compartimos un pequeño espacio de vivienda y comemos juntos. Hung es un cocinero talentoso, así que yo me he vuelto perezoso. Sé que no debería, ¡pero Hung no se queja! Hung ha madurado mucho en los últimos tres años, pero todavía le gusta bromear. Sus payasadas dan mucho alivio. Es difícil de explicar lo difícil que es la situación aquí en Vietnam.

Tres jóvenes de Phong Boi –Hung, Phu y Man– se han unido a nuestros nuevos esfuerzos. Ly vive cerca, pero está muy ocupado sacando un diario, y tiene poco tiempo para otras cosas. Todavía viste la camisa marrón de campesino que solía vestir en Phuong Boi. De vez en cuando pasa un rato con nosotros, pero no se queda más tiempo de lo que le lleva fumar medio cigarrillo. Su diario fue cerrado por las autoridades la semana pasada, pero Ly no piensa rendirse. En el clima político actual, ningún diario independiente dura mucho, tenga muchos o pocos lectores. De vez en cuando, Ly me pregunta si necesito dinero. Le digo que, aunque no haya dinero, no soy pobre. Parafraseo un haiku de Basho y le digo que, aunque la electricidad fue cortada, la luna aún brilla en mi ventana. Ly sonríe y saca algunos billetes de su bolsillo; insiste en que es dinero que me debía por un artículo publicado en el diario que yo había escrito. Nunca sé a cuál artículo se refiere, pero no rechazo su gesto.

Hung y yo estamos quedándonos temporalmente en la Universidad Van Hanh. Esta universidad budista es tan nueva que ni siquiera han tenido tiempo de construir ningún edificio todavía. Varios templos del interior de la ciudad han prestado su espacio para oficinas y aulas. Nuestro «departamento» está en el segundo piso del templo Phap Hoi, en un barrio humilde y proclive a inundaciones de Saigón. El templo de Phap Hoi también sirve como edificio central de la Universidad Van Hanh.

La Universidad Vanh Hanh es una universidad atípica. No lleva la marca de distinción normalmente asociada con instituciones de enseñanza superior. Cuando llueve, los estudiantes tienen que esquivar charcos para llegar a clase, yendo por los caminos sinuosos de los mercados callejeros –en los que se vende de todo, desde pescado disecado hasta batatas– que los acompañan hasta la entrada al templo de Phap Hoi. La vivienda y oficina del rector está compuesta de tres pequeñas habitaciones, a diferencia de las buenas habitaciones del rector de la Universidad de Hue. Pero esta ubicación tiene sus comodidades. Por la mañana, solo hay que salir a la puerta para comprar algo para el desayuno, y así evitar tener que cocinar. Por unas pocas piastras, podemos comprar una generosa ración de arroz dulce con frijoles, envuelta en una hoja de banano. Simplemente sacamos los palillos y, *voilà*, el desayuno está listo. Las mismas pocas piastras podrían comprar también batatas hervidas, todavía con sus cáscaras humeantes. Y cada mañana el encargado del templo nos provee de una gran tetera con té para acompañar el desayuno.

Todos se levantan temprano aquí, a diferencia de Nueva York, donde todo el mundo se acuesta tarde y se levanta tarde. Como el templo es adyacente al monasterio, nos levantamos al primer sonido de la campana y el canto de los monjes. Cuando cae el atardecer, abro la ventana, que da a un callejón. A esa hora las luces de las calles proyectan una luz tenue, y los vendedores tempraneros ya vinieron y se fueron. Debajo de una farola que está colocada en la pared del templo está parada la mujer del *hu tieu*. *Hu tieu* es una sopa de fideos, servida con brotes de frijoles, que es muy popular en el sur. La tía (la llamo así porque no sé su nombre) cocina una gran olla de caldo por la noche. Se debe levantar a las tres de la madrugada para recalentarla, antes de llevarla en un carrito junto con sus utensilios de cocina. La sopa necesita mantenerse muy caliente, así que la lleva en una olla con calentador de carbones encendidos. Quita la tapa solamente para servir la porción de sopa en un bol al cliente.

Cada mañana cuando la veo abajo preparando la sopa de fideos, me veo envuelto en una inexplicable sensación de paz. Sus clientes incluyen al tío Siete del otro lado de la calle (quien prefiere un bol de *hu tieu* al pan remojado en café con leche antes de salir al trabajo), una mujer que vende choclo asado

(cansada de comer su propio choclo para el desayuno), esco-
lares con el bol de sopa de sus madres o hermanas mayores, y
el ama de casa que llena su canasta de mimbre con las compras
del mercado. En el mercado callejero que está cerca del templo
de Phap Hoi, los vendedores de comidas calientes y los vendedores de comidas frías se empujan para conseguir espacio.
Después se compran los unos a los otros porque consideran
que sus platos no son especiales.

Los clientes de la tía se sientan en banquetas pequeñas al
lado de un tablón de madera, de alrededor de un metro, que
ella guarda apoyado contra la pared del templo cada día cuando lo guarda todo y se va. Supongo que no roban nunca su
tablón porque es muy viejo y está gastado. O quizás la tía
tiene un acuerdo con el tío Liu, que vende hierbas chinas en
un lugar cercano, para que le eche un vistazo de vez en cuando. Sea cual sea el caso, el tablón de madera queda ahí apoyado en la pared del templo llueva o haya sol, durante cada
estación del año. La cantidad que pagan sus clientes determina el tamaño del bol que ella les da. Sus precios son muy ra-
zonables. Una piastra compra un bol pequeño, y tres o cinco
piastras compran uno de tamaño más grande. Algunos clientes
compran dos o tres boles, uno detrás del otro. La tía les agrega lechuga, brotes de frijoles y fideos, antes de servir el caldo
caliente. Ella usa su mano izquierda para correr la tapa de la
olla humeante y sostiene un gran cucharón en su mano derecha.
Aún para los boles chicos, ella sirve caldo dos veces. El primer
cucharón es más bien caldo claro, el segundo cucharón siem-

pre incluye uno o dos trozos de carne. Incluso el bol más barato recibe un pequeño trozo de carne. Si un trozo de carne de más entró al cucharón, lo devuelve a la olla con un rápido giro de su muñeca. Su cuidadoso racionamiento de los ingredientes me recuerda a cuando tenía que cocinar para cien monjes en el monasterio. Cincuenta boles tenían que servirse de cada olla de cobre, yo tenía que asegurarme de que cada bol tuviera una ración justa de caldo y vegetales. La tarea era complicada por el hecho de que cocinaba diferentes tipos de sopa: yaca (*jackfruit*), verduras o sopa de hongos. Los hongos cultivados en Hue son famosos por ser utilizados para preparar un caldo dulce. Una vez que tenía pocas verduras, pero me sobraban unos cuantos hongos, preparé una sopa con ambos, agregando también dos pequeños tomates. El resultado fue muy acuoso. Los tomates se habían disuelto y había un poquito de vegetales en cada bol, con apenas un hongo a la vista. A pesar de eso, los monjes decían que estaba delicioso. Estoy seguro de que esos hongos le dieron al caldo un toque de ese famoso sabor típico de la sopa de Hue.

Cuando la tía termina de servir el bol de caldo, lo rocía con un poco de salsa de pescado y agrega unas hierbas, y lo pone en el tablón. Luego limpia un par de palitos chinos con un trapo que cuelga de su carrito y se los da al cliente. Después limpia el bol y los palillos en una palangana, los seca y los apila en una canasta para su próximo cliente. El sol se eleva e ilumina el callejón. Cuando más tarde hago una pausa de escribir por la mañana, me asomo por la ventana y la tía ya se fue. Su sopa de fideos se agota rápidamente cada mañana. Solo la vi una vez guardando las cosas, y fue a las ocho y media de la mañana. Lo limpió todo, apoyó el tablón de madera contra la pared del templo y cargó el carrito a sus hombros. La mayoría de los otros vendedores no terminan antes de las diez y media o las once.

Me imagino que la tía debe de tener varios chicos en edad escolar. No solo debe de tener que alimentarlos, sino también proveerles de las cosas de la escuela y la matrícula, además de otros gastos de la casa. ¿Será posible que vender fideos genere suficientes ingresos? Quizás tenga otro trabajo por la tarde. Una cosa es segura, tiene que quedarse hasta tarde por la noche cocinando el caldo, y después levantarse temprano para llevarlo al mercado. El mercado callejero de Phap Hai sería un lugar muy triste sin la tía Hu Tieu y los demás vendedores. La mujer que vende vegetales, pescado y carnes cubre las necesidades de su familia. También hay una mujer que vende telas y un amigo que vende cacerolas y sartenes de aluminio cerca de la entrada a la Universidad Van Hanh. Él ocupa un espacio de unos ocho metros cuadrados. Sus ollas brillan con la luz del sol, y la gran colección de cuchillos de cocina que muestra son casi demasiado brillantes para mirar. Algunas veces sus estantes ocupan tanto espacio que bloquean el angosto portón que los autos de la universidad usan para entrar y salir del predio. El conductor tiene que persuadir al señor Olla y Sartenes para que corra sus brillantes mercancías a un lado. Por supuesto, la mayoría de los vendedores son bastante comprensivos y rápidamente corren sus mercaderías cuando ven un auto.

Hace seis meses, como director y fundador de la Universidad Van Hanh, tuve varias conversaciones con el rector. «Este mercado callejero es una vergüenza para la universidad, permítame sacarlo. Ninguno de los vendedores tiene un permiso adecuado. Una vez que se vayan, le voy a pedir al Departamento de Trabajos Públicos que venga y rellene los baches. Así la entrada a la universidad va a quedar respetable». Él me instó a estar de acuerdo con su plan, pero yo lo rechacé. Finalmente lo convencí de que no fuera tan cruel. La universidad, le expliqué, no ha mostrado aún qué beneficio podría traer a la comunidad. Su plan dejaría a cientos de personas sin un trabajo y haría que todo el barrio se enojara con la universidad. Pensé en la tía Hu Tieu y supe que nunca podría apoyar el plan del rector para hacer de la universidad un lugar más «respetable».

Un día recibimos una delegación de la élite de intelectuales de Saigón y miembros del cuerpo diplomático. Saigón, una ciudad de dos millones y medio de habitantes, es conocida como la Joya del Lejano Este. Pero nosotros todavía no teníamos prácticamente equipamiento, ni siquiera sillas, y el rector tuvo que pedir prestadas sillas de algunos negocios de muebles que él conocía. El día anterior a la visita, hicimos un arreglo especial con los vendedores ambulantes para que no taparan con sus mercaderías la entrada de autos. Pero la mañana que llegó la delegación llovía tan fuerte que nuestros distinguidos invitados tuvieron que esquivar los grandes charcos para entrar por la puerta. Cuando les di la bienvenida, me disculpé por los grandes charcos, pero ellos solo se rieron.

Después el rector me susurró:

–Veo que no tuvo que recurrir a topadoras de Trabajos Públicos para encargarse de los «charcos».

–Solo me encargué de eso temporalmente, ya volverán.

El rector también se rio.

En las noches de luna llena, el angosto callejón de Phap Hoi es tan festivo como Têt (Año Nuevo vietnamita). La luna llena parpadea a través de las largas y elegantes hojas de las palmeras de areca, cada una de cuatro o cinco metros de altura, en líneas a ambos lados del callejón. Un vendedor de juguetes vende sus mercancías debajo de una farola. Carritos ambulantes ofrecen bebidas frías. Hace demasiado calor para quedarse en casa, así que las familias ponen esterillas de arroz o sacan sillas a la puerta de las casas. Varios de ellos tienen un puesto de venta callejera en la puerta al mismo tiempo. Algunos venden globos en las puertas. Compran los globos de varios colores al por mayor, después ponen un pequeño horno de brasas afuera, ponen una esterilla y se ponen a trabajar. El calor ablanda la goma, para hacer más fácil el inflado del globo.

Los adultos se sientan y charlan, mientras los niños corren y juegan en estas tardes festivas en el callejón de Phap Hai. Bajo la superficie de este clima de despreocupación, yacen muchas dificultades. La disruptiva y erosionante influencia de la guerra está haciendo cada vez más difícil la vida de estas familias. Refugiados aparecen cada vez más en vecindades humildes como estas. Las calles se llenan de niños pálidos y delgados. No sé por qué, pero encuentro a estos niños hermosos, aún los más pobres de ellos. No tienen las mejillas rosadas y la salud fuerte de las familias más ricas, pero son hermosos a su manera. Pienso que todos los niños son naturalmente hermosos. Pero quizás he prestado más atención a estos niños en los meses recientes, y así puedo apreciar profundamente su belleza.

12 de diciembre de 1964, Templo Truc Lam Go Vap, provincia de Gia Dinh

He recibido una larga carta de Steve hace algunas semanas, pero he estado muy ocupado para responder hasta hoy. Ha habido enormes inundaciones en el centro de Vietnam, las peores en sesenta años. Las últimas inundaciones como esta también ocurrieron en el año del Dragón. Acabo de volver de una misión de socorro con tres jóvenes trabajadores. Mientras estuve allí, pude ver a mi maestro en mi templo de origen. Acaba de cumplir ochenta años y, como otros ancianos de su edad en la región, recuerda las terribles inundaciones de hace sesenta años. Este año miles de personas se han ahogado y decenas de miles han perdido sus hogares y pertenencias. Ha habido una ayuda inmensa del Sur y no puedo contar el número de organizaciones que han ayudado. La Escuela de los Jóvenes para los Servicios Sociales ha recogido camiones llenos de comida, medicamentos y ropa y hemos organizado un equipo, ya que las zonas inundadas están en las zonas de lucha más duras. Puedes morir en cualquier momento por una bomba o un repentino tiroteo. Pero nuestros corazones nos llaman a ir a estas zonas prohibidas para ayudar a las víctimas.

Lo siento por Steve. Está cansado de Nueva York y no quiere vivir más allí, pero si puede quedarse otros cuatro meses, tendrá su diploma. Luego podrá hacer otros planes para su vida. Ya sé que no está de acuerdo. Está tan agotado que no puede ni siquiera pensar en quedarse cuatro días, así que mucho menos cuatro meses. Le he escrito para decirle que todos los lugares del mundo son más o menos parecidos. Es nuestro estado mental lo que finalmente determina las cosas. Si yo estuviese en Nueva York, tal vez a Steve le sería más fácil soportar estar allí. Algún día, hasta podría anhelar el Nueva York del que está tan cansado ahora. Es como mi propia experiencia aquí, en este país de guerra desgarradora. A veces me quiero ir para siempre, pero cuando voy a otro lado, echo mucho de menos Vietnam.

Hace poco tiempo leía un artículo sobre viajes al espacio, me imaginaba a mí mismo viajando en una nave espacial orbitando la Tierra. Un problema técnico impedía a mi nave volver a tierra, y no tenía otra opción más que quedarme en órbita hasta que mi comida y oxígeno se acabaran. Mis transmisores radiales no funcionaban y sabía que moriría absolutamente solo. Nadie sabría el momento de mi muerte. Mis restos no volverían a la Tierra. Me sentí desesperadamente solo, anhelando la Tierra. Hasta la gente que hoy me parece despreciable y cruel me parecía preciosa y amiga. Contento volvería a la Tierra, aunque tuviese que pasar el resto de mi vida con ellos. Pero no había manera de retornar y desparramar mis huesos en nuestro amado planeta. Podría abrir la escotilla y arrojarme fuera de la nave, pero por la falta de gravedad, no caería a la Tierra. La Tierra ya no me querría. Ya no me atraería hacia ella. Estaría fuera de la Tierra y de la humanidad.

El constante tráfico de aviones aquí en la provincia de Gia Dinh afecta el silencio y la tranquilidad de la vida de campo. El ruido hace que mi cabeza palpite. No entiendo por qué pasan tantos aviones, pero me dejan sin respiración, con la sensación de peso en mis pulmones. Hace una hora estaba sentado jugando con unos niños cerca de un pajar y miraron hacia arriba, hacia los aviones con miedo, no con la emoción que ves en caras de niños de otros lugares; ellos los miraron sin risas. Estos niños saben de la muerte y destrucción que los ataques de bombas traen a los pueblos rurales.

Aquí puedes ver y sentir el problema real que enfrentan los campesinos. La vida es simple y llena mi corazón de amor. Yo sé que Steve no está contento viviendo con gente que pasa la mayor parte de su tiempo persiguiendo la comodidad material. No estoy idealizando la pobreza, pero he visto sufrir de soledad, alienación, aburrimiento y problemas inimaginables a la sociedad opulenta.

Hace unos años, vi una película donde una mujer estaba casada con un hombre importante. Tenían un hermoso hogar en un elegante barrio, dos coches y una abultada cuenta bancaria. El matrimonio aparentemente no tenía fricciones ni turbulencias. En la primera escena, la mujer estaba durmiendo, sentada en una silla en el salón. Su rostro revelaba un cansancio vacío bordeando al miedo, la saliva le caía por la comisura de la boca. De repente gritó y su cuerpo se sacudió como si estuviera luchando con algo. Su marido corrió al salón y la tomó por los hombros, ella abrió los ojos mirando desorientada, rápidamente recuperó su comportamiento alegre. Los rastros de cansancio y miedo se desvanecieron de su rostro y comenzó a piar alegremente como un pajarito.

–¿Acabas de llegar a casa, cariño? Me debí de quedar dormida, qué tonta... Ahora mismo te traigo una taza de café.

–¿Estás segura que estás bien? –le preguntó el marido.

Ella contestó riendo:

–Sí claro, estoy bien, estoy bien.

Luego el marido le cuenta que acaba de ser convocado en Washington por negocios y que debe viajar con urgencia en el próximo avión. Y le dice:

–Cuando hayas terminado con el café, ¿puedes ayudarme a hacer la maleta?

Ella prepara el café mientras hurga en su armario. La música que veníamos escuchando desde el comienzo del film termina. Ella va hacia el tocadiscos y pone otro disco. La música es fuerte con un ritmo duro. Aparentemente, al marido no le gusta porque va directo al aparato, lo quita y sigue preparando su equipaje. La mujer no tolera el silencio y vuelve a poner la música. Irritado, él lo apaga de nuevo. Ella lo vuelve a encender; alternan entre apagar y encender sin pensar durante varios minutos.

Después que su marido se marcha al aeropuerto, la mujer se sienta en casa sola. Después de escuchar varios álbumes de música, se cansa y coge un libro, lee unas pocas líneas y lo deja. Corre al teléfono: la persona a la que llama no está. La segunda amiga a la que llama está muy ocupada para hablar. Y no puede encontrar a ninguna amiga que invitar a su casa para una charla y un café. Deja el teléfono y se desploma en su silla, donde se queda en el mismo estado de aburrimiento hasta el atardecer.

A las seis de la tarde, el chico del periódico golpea la puerta. Su cara se ilumina. Tal vez es una visita, pero es solo el chico del periódico. Le extiende el diario y ella lo invita a pasar. El chico se niega, todavía le quedan muchos periódicos que repartir. Él le dice que vaya al bar de la esquina, pero ella se siente insultada por la sugerencia y le contesta que no lo necesita.

Cuando se marcha el chico, se siente aún más sola. Piensa en su marido y corre al teléfono y le dice a la operadora:

–Me gustaría hacer una llamada personal a mi marido en Washington D.C.

La mujer escucha la voz de su marido al otro lado del teléfono y pregunta:

–¿Has tenido un buen viaje?

Él responde:

–Sí, muy bien.

A ella no se le ocurre qué más decir y se quedan en silencio. El teléfono vincula a dos personas en dos lugares distantes. Es casi como tener a su marido en la misma habitación. Pero no tienen nada que decirse. ¿Podría ser que después de quince años de casados ya saben todo lo que hay que saber uno del otro? La mujer se queda en blanco, y sale preguntando por el clima:

–Está lloviendo en Washington?

Él contesta:

–No, el tiempo es bueno, cálido y despejado, acabo de salir de mi primera reunión.

El marido detecta algo raro en la voz de su mujer y le pregunta:

–¿Estás bien, cariño? –Es la segunda vez en el día que le hace esa pregunta.

–Sí, estoy bien –dice ella.

Más tarde, al no soportar más la soledad, se pone un vestido y camina hacia el bar de la esquina. Es pasada la medianoche y el bar está vacío. Pide un whisky y mira alrededor. Una pareja entra al bar, la mujer va al servicio, el señor se sienta no muy lejos de ella y pide un vaso de vino. Intercambian unas palabras. La mujer claramente está sola y es evidente que el hombre la encuentra atractiva. ¿Quien sabe?, tal vez el hombre acompañado por su mujer también se siente solo. Hablan y ríen un poco. Cuando la mujer vuelve del baño, deja claro por una expresión que no le gusta que su marido hable con otra mujer. El clima en el bar se vuelve tenso.

Durante la noche la mujer es invadida por pesadillas, en la pálida luz de su habitación vemos la misma expresión de angustia y alienación que vimos en su rostro más temprano. Está sola atrapada en una pesadilla.

De repente oímos una llave que gira en la puerta de entrada. Su marido ha vuelto de Washington y al entrar al dormitorio ve a su mujer angustiada y corre a la cama a despertarla. Ella se sienta en la cama confusa y aturdida. El terror grabado en su rostro. Su marido le dice:

–He vuelto lo más rápido que he podido al finalizar la última reunión porque no te noté bien cuando hablamos esta tarde. Debes estar teniendo pesadillas. ¿Te encuentras bien?

Es la tercera vez que le hace la misma pregunta. La mujer se toma un tiempo para responder, no puede ignorar más la pregunta, diciendo solamente: «Estoy bien».

No está bien, pero ¿cuál es el problema? No tiene una enfermedad física. No tiene problemas económicos. Su hogar tiene todas las comodidades y todo lo necesario para facilitar sus tareas domésticas. Tiene un teléfono en caso de urgencias. Si entra un ladrón, puede llamar a la policía. No está impotente o débil. No necesita la protección de un hombre contra bestias salvajes como en la antigüedad. Su casa tiene bonitos muebles y ella goza de buena salud, y sus ingresos son más que suficientes. Su marido tiene un buen trabajo y es respetado. Pero no está bien. Mira a su esposo y admite que no está bien.

Su problema es habitual hoy día. La gente se siente cada vez más sola. Se evidencia con solo mirar el aumento de organizaciones religiosas y sociales. Iglesias y templos han devenido lugares donde hombres y mujeres se encuentran para planificar encuentros y fiestas en nombre de la religión. Ir al templo o a la iglesia ha pasado a ser una diversión donde mostrarse. La gente forma parte de comités políticos, grupos de mujeres, grupos de hombres, organizaciones caritativas, asociaciones de estudiantes e incluso grupos que se oponen a armas nucleares para escapar del vacío que sienten estando atrapados en el caparazón que ellos mismos han creado. Pero donde sea que vayan, se encuentran dando vueltas dentro de ese mismo caparazón. Los encuentros sociales vacíos son solamente la exteriorización de ese caparazón.

Steve vive en esa sociedad, y siente que ya no puede soportarla. Si pudiese entrar en contacto con el enorme mundo que existe fuera de su caparazón, aunque se quedara en el mismo lugar, no se sentiría tan atrapado. Tal vez, inconscientemente ha dejado que se bloqueen sus vínculos con el mundo externo. Si pudiese darse cuenta del enorme mundo en el que nadará mañana, vería que su situación actual es un paso necesario. Espero que acepte sus próximos cuatro meses en Columbia con una sonrisa. Si puede hacerlo, todo se transformará alrededor de él. El cielo será más azul y el sol más brillante. Encontrará gente más amigable y le resultará mucho más fácil llevarse bien con los demás.

Creo que la mujer de la película podría curarse de su enfermedad si abandonase por un tiempo su confort material y viviese en una sociedad más simple, un pueblecito en Sudamérica o una aldea como esta en la que estoy yo ahora mismo, un lugar donde tuviese que lavar su propia ropa en el río. Se encogería al ver el agua insana que beben los aldeanos, pero si viviese con ellos y compartiese sus preocupaciones, sus conocimientos, podría ayudar a los aldeanos a mejorar su calidad de vida. Se sometería a dificultades y juicios, pero su sonrisa comenzaría a irradiar como el sol al amanecer. Por supuesto su liberación no sería sin contratiempos y desafíos. A las personas les es muy difícil soltar su sufrimiento. Prefieren sufrir con lo familiar antes de enfrentar el miedo a lo desconocido.

La mejor medicina para liberarse de la desolación y la oscuridad del corazón es hacer contacto directo con el sufrimiento de la vida, tocar y compartir las ansiedades e incertidumbres de los otros. La soledad aparece cuando uno se encierra en uno mismo, en un falso caparazón. Piensas en ti mismo como separado y no en una relación con otros. El budismo llama a esto «apego a uno mismo». En realidad, estamos vacíos de un yo separado. Pero no tenemos que aceptar este concepto budista para darnos cuenta de esto. Miremos profundamente y podremos ver que una persona no es un yo separado.

La literatura sobre la alienación no es nueva. Es fácil para las personas devenir hartas y sin esperanzas, sintiendo que nada tiene sentido y que no hay escapatoria. Hasta el concepto «sin sentido» se siente como sin sentido. Hasta el concepto «falso» se siente falso. Autores de la desesperanza echan otra capa de pintura negra sobre la triste escena. A pesar de que reclaman ser la voz de la libertad, su escritura contribuye a la cultura de la irresponsabilidad y la imprudencia.

La literatura que promueve el *statu quo* representa un extremo, pero la literatura que defiende la irresponsabilidad absoluta es otro. En el primer caso, por lo menos el escritor todavía se aferra a algo. En el segundo caso, no hay nada retenido en absoluto. La libertad no debe ser equiparada a la irresponsabilidad. La libertad sin responsabilidad es destructiva para uno mismo y para otros. La literatura que promueve la libertad sin responsabilidad provoca situaciones más desesperadas aún. Alienta a la gente a ser autoabsorbida por ella misma, a sentirse vacía y alienada. La literatura de la desesperación se clava en nuestras heridas haciéndolas más profundas. Necesitamos una literatura que nos guíe, nos cure y nos ayude a abrirnos a la verdad sobre la situación. Es necesario comprender la situación para que surja la consciencia. Con consciencia podemos dirigir nuestras dificultades, hacer ajustes necesarios y por supuesto hacer cambios. El origen de la alienación puede ser identificado, y cuando lo identificamos, la podemos curar.

Puedes reírte de mi sugerencia de enviar a las personas alienadas a pueblos en lugares remotos, pero creo verdaderamente que, si organizáramos aldeas rurales para la gente que se siente sola, todos se beneficiarían. Estas aldeas no serían como la estrategia del presidente Diem, serían más como Princeton u Oxford, lugares de retiro y reflexión. Es difícil la cura en ciudades donde todos corren. En Princeton escuché a un estudiante que decía: «Ir a clase aquí es como estar en un monasterio». Pero lo más importante es nuestra actitud; la actitud es más importante que el lugar donde estemos. Así como es difícil para los gérmenes atacar un sistema inmunitario sano, es difícil que una persona resuelta y con fortaleza interna se sienta alienada. La mejor solución no es escapar de un lugar para ir a otro, sino desarrollar nuestra solidez y fortaleza interna.

Hoy puedo escribir tanto en mi diario, porque muchos jóvenes amigos están ayudándonos con el trabajo. Cuando estaba en Estados Unidos, disfruté la misma suerte. Amigos como Steve hicieron grandes esfuerzos para ayudarme. Estuve recordando el doloroso período entre junio y octubre de 1963. El movimiento opositor a Diem estaba ganando impulso en Vietnam, y yo tenía tanto que hacer en Nueva York. El teléfono no paraba de sonar y yo estaba muy nervioso. Muchas veces no conseguía dormir. Agradezco el apoyo y ayuda que Steve y otros amigos que estaban allí me dieron. A pesar de las amenazas y otras dificultades que enfrentamos, nunca titubeamos.

Nunca olvidaré la expresión en la cara de Steve cuando me trajo un cartón de leche y una barra de chocolate para salir de mi ayuno. Yo estaba en la Academia Budista Americana entre tatamis japoneses en la sala de meditación. Steve se arrodilló ante mí y amorosamente me sirvió un vaso de leche. Me recordaba a un monje novicio. Luego me dijo: «Come esta barra de chocolate, te dará energía rápidamente». Eran las dos de la tarde, la hora del final de mi ayuno. Desde el lunes hasta el viernes por la tarde había meditado en compasión y rezado para que la libertad venciera a la tiranía. No comía ni bebía nada, salvo el agua fresca que Steve me traía dos veces al día.

Inmediatamente después de una conferencia de prensa en el Carnegie Hall, en la que anuncié que haría ayuno, Steve encontró un lugar donde pudiese meditar sin ser molestado.

Hablé con el secretario general de Naciones Unidas sobre si podía usar un lugar en las Naciones Unidas, él dudó y finalmente me dijo que como él era budista no quería que pareciese favoritismo. Luego llamé al Centro Religioso Internacional en las Naciones Unidas y me dijeron que podía usar una habitación con un costo de trescientos dólares por día, lo que costaría mil quinientos dólares de lunes a viernes. No podíamos conseguir ese dinero ni aunque vendiésemos todo lo que teníamos. También llamé el Instituto Zen Americano, pero nunca respondieron. Hasta que finalmente la Academia Budista Americana aceptó proveerme un lugar.

En la Asamblea General de Naciones Unidas en Vietnam, comenzaron a discutir la situación. Unos meses antes, yo había ayudado a persuadir a algunos delegados asiáticos, especialmente al embajador de Tailandia, para introducir el tema de Vietnam en el calendario de la Asamblea General. E hice muchas entrevistas en periódicos y canales de televisión. En una conferencia de prensa, en la sala de conferencias del Carnegie Hall, organizada por una organización de derechos internacionales, dije: «La gente de Vietnam ya ha sufrido demasiado. Este es el momento donde necesitamos que toda la familia humana rece y actúe. Al finalizar esta conferencia de prensa entraré en meditación silenciosa y ayunaré por mi tierra natal. Imploro a toda la familia humana, a todos los que tengan sentimientos por Vietnam, a unir vuestras plegarias para detener el sufrimiento».

Los periódicos publicaron mi llamada a la paz.

Steve sabía que yo estaba exhausto después de los viajes a Washington D.C, Chicago y otras ciudades, para sumar apoyos para el movimiento por la paz en mi país. Incluso asistí a una marcha de protesta frente a la Casa Blanca, organizada por la Asociación Vietnamita en el extranjero, a la que también acudieron jóvenes padres vietnamitas con sus niños. También fueron muchos norteamericanos y las cadenas de televisión cubrieron el evento. Fue un espectáculo conmovedor.

Por desgracia, en la Academia Americana donde estaba la habitación para mi retiro de meditación, la sala de baño estaba en el segundo piso y, cada vez, tenía que subir y bajar las escaleras. Esta lejanía agotó mis fuerzas. Steve no permitió que ningún periodista ni ninguna cámara entrasen al cuarto de meditación durante mi ayuno, pero cuando me trajo la leche con la barra de chocolate, me dijo que dos reporteros de la televisión me estaban esperando cuando saliese de la habitación.

Yo retenía cada traguito de leche en mi boca y la «masticaba» antes de tragarla. Comí un trozo de chocolate, aunque estaba escéptico sobre la cantidad de energía que podía darme. Steve me puso al tanto de todo lo que había ocurrido durante mi ayuno. Me entregó las cartas que llegaron de Vietnam. Había varias felicitaciones de cumpleaños, mi cumpleaños había sido el día anterior y me había olvidado por completo.

Una de las tarjetas de felicitación era de mi hermano menor, la foto en la tarjeta mostraba una arboleda casi destruida por un ciclón. Debajo de la imagen mi hermano escribió: «Lluvia en nuestra patria».

Steve me hablaba suavemente mientras los responsables de la televisión colocaban sus equipos. Me dijo que no hablase y que guardara mis fuerzas para la entrevista. Por suerte, la entrevista duró diez o quince minutos, que no era lo habitual, ya que generalmente duraban alrededor de una hora.

Luego Steve llamó un taxi y volvimos al apartamento. Los días siguientes, se encargó de todo; no me dejaba ni levantar un dedo. Steve era un pésimo cocinero, pero verlo ocuparse de todo en la cocina me enternecía el corazón. Yo estaba acostumbrado a cocinar para él como una madre cuidando a su hijo. En ese momento, él cuidaba de mí.

Es importante tomarse el tiempo de recordar esos momentos, aunque la vida es más que el pasado. También es el presente y el futuro. Necesitamos mirar hacia el futuro. Esos días de nuestros esfuerzos inciertos y difíciles han pasado. Los problemas actuales nos rodean y debemos responder.

Va llegando la noche. Vuelvo a la ciudad esta noche.

11 de febrero de 1965, Cau Kinh Village

El zen no es simplemente un sistema de pensamiento. El zen infunde en todo nuestro ser la pregunta más importante que tengamos. Es una lucha urgente entre la vida y la muerte: o la atravesamos o caemos en un abismo arremolinado. Es necesario que atravesemos estos momentos peligrosos en soledad, momentos que determinarán el resto de nuestra vida.

El zen incluye sesiones de meditación concentrada durante las cuales podemos tener sucesivamente experiencias de ruptura y descubrimiento, encontrarnos con peligros o morir solos en el fracaso. Pero estas definiciones del zen puede que solo sean verdaderas para mí.

Imagina que dos chicos jóvenes se cruzan con un hombre mayor que está sentado en una verde colina. El hombre les dice a los jóvenes que está pescando víboras. «Esta hermosa colina sería perfecta para un jardín de flores, si no fuera por las víboras venenosas que hay bajo tierra. Las pesco y las mato de un golpe. Solo entonces puedo preparar mi jardín de flores —explica—. Hay víboras pequeñas en los nidos. Cuando tiro de ellas hacia la superficie, se retuercen y mueren. Luego están las víboras grandes. Debo tener cuidado cuando las saco, si no soy lo suficientemente fuerte, me morderán y moriré. Tienes que conocerte a ti mismo, y tienes que conocer a la víbora. Tienes que saber cuándo tienes la suficiente fuerza y cuándo no la tienes. Cuando consigues tirar de dos víboras al mismo tiempo, lo mejor que puedes hacer es dejar que peleen entre ellas». Fascinados y un poco nerviosos, los dos chicos se sentaron y miraron al hombre.

El zen es así. En la profundidad de nuestra consciencia habitan las semillas de nuestros potenciales, incluidas las víboras venenosas, fantasmas y otras criaturas desagradables. Aunque estén escondidas, controlan nuestros impulsos y acciones. Si queremos ser libres, debemos invitar a esos fantasmas a nuestra mente consciente, no para pelear con ellos, como el hombre pescando sus serpientes, sino para hacernos amigos de ellos. Si no lo hacemos, nos traerán problemas cada día. Si esperamos el momento adecuado para invitarlos, estaremos preparados para enfrentarlos y eventualmente se transformarán en benignos.

Si te dijeran que solo te quedan dos días de vida, puede que entraras en pánico al no estar preparado para enfrentar la situación. O supongamos que tu amada te dice que no te ama y que ama a otra persona. Puedes no estar preparado para asumirlo. No estás preparado para estas posibilidades porque no las has considerado como posibles. No nos gusta pensar en situaciones que nos dan miedo o nos molestan, y entonces pretendemos que no existen. Pero si invitamos a nuestros miedos a presentarse y somos capaces de sonreírles, las cosas se acomodan por sí mismas. Pero esto no es fácil de hacer.

A principio de mes, visité el templo de Giac Minh y me sorprendió encontrar a Ly sentado y esposado en el cuarto de invitados. Varios de los periodistas y amigos escritores de Ly también estaban allí. Unos meses antes, habían clausurado su periódico, pero él continuaba hablando. Cuando las autoridades intentaron arrestarlo, él se escondió y se refugió en Giac Minh, sus amigos trataron de persuadirlo para que no saliera, temiendo por su seguridad. Pero él se escapó del templo y en segundos dos hombres lo agarraron. Ly gritó y la multitud de transeúntes se juntó alrededor para ver qué pasaba. Los hombres forcejearon con Ly en una parada de autobuses, donde lo esposaron a un poste antes de desaparecer. Entre varias personas levantaron a Ly hasta el tope del poste para liberarlo, y él retornó a Giac Minh con las esposas. Sus amigos llamaron a un cerrajero, al que estaban esperando en el momento en que yo llegué.

Cuando me vio, comenzó a reír, pero mi garganta estaba tan seca que yo no podía hablar. ¿Qué nos había ocurrido? Las autoridades arrestaban y esposaban a ciudadanos inocentes a plena luz del día. Mis amigos y yo no sabíamos qué podría ocurrir en los próximos días, pero teníamos la determinación de no odiar a los otros, a pesar de lo crueles que pudiesen ser. Sabemos que el ser humano no es nuestro enemigo. Nuestros enemigos son la ignorancia y el odio.

Si pudiese traer a Steve para hacer una visita a este pueblo, él olvidaría sus problemas enseguida.

Este pueblo está situado cerca de las marismas de sal, por lo cual obtener agua potable durante la estación seca es difícil. La gente del lugar solía comprar bidones de agua potable a las barcazas que pasaban, y luego acarreaban los bidones a casa en yugos de bambú. Nadie utiliza la palabra «comprar» o «vender» para describir el agua porque la palabra vietnamita para *agua* es la misma que la palabra *país*. Nadie querría decir que está «vendiendo el país». La gente de campo tiene un profundo amor por su país.

Podría llevar a Steve atravesando el dique para mostrarle el nuevo tanque de piedra de seis metros de profundidad que los lugareños construyeron con nuestra ayuda. Los lugareños hicieron una petición a los trabajadores públicos y, como resultado, estuvieron de acuerdo en llenar el tanque con agua fresca tres veces por semana. Ahora la gente puede venir y llenar sus bidones cuando lo necesita.

Obtener agua potable es solamente un problema durante la temporada de sequía. Durante la época de lluvias los ríos se llenan de agua y los lugareños pueden disponer de toda el agua que necesiten. La gente del pueblo cultiva grandes áreas de tierra juntos y comparten equitativamente las cosechas. Las tierras aquí no pertenecen a nadie. Pertenecen al gobierno y fueron abandonadas hace algunos años. Algunas plantas pueden tolerar el agua salada de las marismas, pero otras solo pueden ser cultivadas durante la época de lluvias.

Un joven de la aldea llamado Bi nos ha dicho que si regamos las calabazas y los melones, incrementando gradualmente el agua salada, se irán acostumbrando poco a poco. ¡Si Steve estuviese aquí, me reiría y le preguntaría si le gustaría ser regado con agua salada para ver si su cuerpo se acostumbra!

Siguiendo nuestros consejos, los lugareños comenzaron a cultivar setas en camas de paja para luego venderlas. Se obtiene una buena ganancia hoy día.

La cantidad de tierra que se cultiva en Vietnam ha disminuido considerablemente a causa de la guerra. Mucha gente de los pueblos necesita guardar toda su paja para alimentar a sus búfalos y vacas mientras se cosecha, por lo tanto, ya no se cultivan setas. Otras familias ahora están teniendo mucho éxito con los pollos New Hampshire comprados por nuestros trabajadores. Cuando lo sugerimos por primera vez, se negaron aludiendo que ya lo habían intentado anteriormente y que los pollos no habían tolerado la sal en el suelo y habían muerto. En vez de tratar de convencerlos de que esto era posible, nuestros voluntarios criaron cientos de pollos en jaulas que construyeron cerca de la casa de un aldeano llamado Loi. Las jaulas eran mantenidas calentitas con lámparas de kerosene y los criaba con alimento balanceado. Nuestros trabajadores eran muy cuidadosos manteniendo las condiciones sanitarias para los pollos y dándoles las medicaciones necesarias. En tres semanas, los pollos crecieron tanto que no cabían en sus jaulas, y los trabajadores construyeron gallineros abiertos para ellos. Hubo un constante desfile de lugareños que se acercaban a mirar. El tío Ba, la tía Bon y la abuela Bay estaban asombrados de verlos florecer. Ninguno murió. Otros lugareños vinieron a preguntar sobre el proyecto y, como resultado, muchas familias decidieron criar pollos como suplemento a sus magros ingresos.

Así es como todos los proyectos se desarrollan en los pueblos experimentales de ayuda mutua. Primero encuentras el cuidado de la salud, la educación, la economía y las necesidades sociales del pueblo. Luego despiertas el interés de los lugareños creando un proyecto demostrativo. Un miembro facultativo de la Escuela de los Jóvenes para los Servicios Sociales, un monje al que llamamos hermano Ocho, ha demostrado un talento especial para ganarse el corazón de la gente. Lo llamamos la enciclopedia andante porque es muy instruido en tantos temas diferentes. Parece que no hay nada de lo que no sepa. Habla inglés, francés y jemer, además de vietnamita, practica tanto la medicina occidental como la china, sabe cómo cultivar naranjas, pomelos, melones y calabazas, es un maestro con talento y tiene la capacidad de supervisar proyectos de construcción. Supervisó los planos y la construcción de la Escuela de los Jóvenes para los Servicios Sociales. Cuando visita un pueblo de ayuda mutua, solo trae una pequeña bolsita con nueces de areca y hojas, una jarra con bálsamo de elefante blanco, algunos limones, un trozo de algodón y algunas agujas de acupuntura, y logra él solo lo que normalmente precisaría la participación de cinco o seis personas.

Si es necesario, cura a los enfermos con acupuntura o con hojas de nuez de areca y limones como medicina. Raramente usa pastillas o inyecciones, y generalmente sus pacientes mejoran bajo sus cuidadosas intervenciones, y las fiebres y dolores ceden. Tiene un don. Después de tratar un paciente se sienta en un banco y abre su pañuelo invitando a toda la familia a compartir un bocado de nueces de areca. Habla del tiempo y las cosechas, en realidad puede hablar de cualquier cosa y hace que sea interesante. Los lugareños le tienen mucha simpatía. Cuando alguien se enferma, es a él a quien convocan. Casi todos se sienten en deuda con él, y en Vietnam incluso una pequeña deuda establece un fuerte vínculo entre la gente. La gente apoya con entusiasmo cualquier cosa que él propone.

Cada pueblo de Vietnam tiene su pequeño templo con, por lo menos, un monje residente. Si pudiésemos convencer a cada monje para que trabaje con nosotros para mejorar la vida rural, el movimiento mejoraría muy rápidamente. No necesitamos guerras psicológicas o aldeas estratégicas. Solo necesitamos especialistas con experiencia en el desarrollo de pueblos, y estamos en el proceso de crearlos nosotros mismos. Observando al hermano Ocho, comprendimos que la medicina básica y la acupuntura deben ser incluidas en los cursos de la Escuela de Jóvenes. Nuestros estudiantes necesitan aprender cómo comunicarse con la gente eficiente y naturalmente, como lo hace el hermano Ocho. Si subestimamos la experiencia sobre la riqueza de los aldeanos, fracasaremos. Necesitamos ver las nuevas tecnologías como suplementos a los recursos que ya tenemos en vez de reemplazos a las formas tradicionales. De hecho, la Escuela de Jóvenes está más interesada en inscribir jóvenes hombres y mujeres del campo y no tanto de las ciudades, porque comprenden mejor y pueden trabajar más fácilmente con gente de campo.

Resulta interesante la historia de cómo fueron formadas las escuelas rurales. Uno de nuestros trabajadores pasó un tiempo jugando, pescando y cantando con niños. Poco a poco, los persuadió para que dedicasen un poco del tiempo de juego para aprender a leer y escribir. Todos se sentaron bajo un árbol usando un trozo de madera como pizarra. Al cabo de una semana, tenía una docena de estudiantes ansiosos por aprender y un joven lugareño que quería ayudarlo ofreció su casa como escuela, y también donó unas maderas que otros transformaron en planchas para hacer bancos. Los niños estaban muy entusiasmados y sus padres felices de ver a sus hijos aprendiendo a leer y escribir. Sabían que en el futuro nadie podría descalificar a sus hijos, y estaban agradecidos al maestro. Con el tiempo, el número de estudiantes aumentó.

En el pasado, la cultura vietnamita estuvo fuertemente influenciada por la cultura china. Según las tradiciones confucianas, el emperador era la persona más importante. La segunda en importancia era el maestro, y el padre, la tercera. Emperador, maestro, padre son «las tres relaciones filiales». El confucionismo considera el rol del maestro importante, porque, al igual que un santo o un sabio, enseña a los niños la virtud. Por eso, si un trabajador social comienza a enseñar a los niños, se ganará un lugar especial en el corazón de la gente, especialmente si enseña las leyes del buen comportamiento. A los estudiantes les gusta invitar a sus maestros a sus casas, y son muy bien recibidos por sus padres. Esto da la oportunidad de discutir las necesidades del pueblo de manera indirecta y poco amenazadora. La gente está dispuesta a escuchar a alguien a quien respetan.

Cuando el número de alumnos se llena demasiado en las aulas, los padres se juntan para discutir qué hacer. Y ellos actúan sin nuestra intervención. Decidieron construir una escuela rural. Algunas familias donaron bambú, otras madera, otras ladrillos y otras mano de obra. Había todo lo necesario, una simple estructura de bambú, paja y tierra era suficiente. Cuando la gente percibe una necesidad clara, la respuesta es enorme. No son tan pobres como podríamos pensar, especialmente en lo que concierne a su energía, habilidades y recursos naturales de la tierra. Ahora tenemos una escuela de cuatro aulas, fruto del esfuerzo de los aldeanos. No necesitaron permiso o ayuda del gobierno, ni de ninguna otra organización. Dos de los cuatro maestros de la escuela son de la aldea, y los otros dos serán eventualmente reemplazados por aldeanos también.

Varios jóvenes hombres y mujeres de la aldea están orgullosos de ayudar. Muoi, un joven de quince años, es uno de los ayudantes más dedicados. No siempre fue así. Ambos progenitores fallecieron cuando él era niño, y tanto él como su hermosa medio hermana de nueve años vivían con su tía. Muoi es un pescador, y a pesar de ser joven, tiene la responsabilidad de sostener a su familia. Es más un adulto que un adolescente. Solía beber licor de arroz cada mañana antes de salir con su barca, para «calentar el estómago». Por las tardes solía sentarse a beber con otros hombres mientras su hermana vendía la pesca del día. Cada día era igual.

La tía de Muoi no era una persona ni cálida ni amorosa, y no podía proveer a Moui de un cuarto propio, ni de una guitarra para tocar, ni de libros sobre héroes y luchadores para leer. Tampoco iba a festivales ni tenía amigos, ni deportes que practicar. Su única diversión era beber y apostar. Su hermana, Muoi Mot, es una estudiante de nuestra Escuela Rossignol. Un día vino a la escuela con sus ojos enrojecidos de llorar, el maestro le preguntó qué pasaba y Muoi Mot dijo que «su hermano se había marchado de casa hacía una semana, y no había vuelto». El maestro le preguntó dónde había ido y ella respondió que alguien le había dicho que había encontrado trabajo en una fundición de hierro en Saigón. Cuando escuché las noticias, no pude evitar murmurar: «¡Maldita sea! Lo hemos perdido por el señuelo de la ciudad. ¿Cómo pudo irse y dejar a su hermana sola con esta tía tan antipática?». Yo sabía que Muoi amaba a su hermana como una madre ama a su propio hijo.

Un mes más tarde, la señorita Chin, una miembro de la Escuela de Jóvenes que trabaja en la aldea, vio a Muoi en Saigón. Al principio, no lo reconoció con su atuendo occidental de vaqueros y camisa. El amigo que estaba con él rebosaba del aire de ciudad en todo su cuerpo, pero Muoi, en una segunda mirada, seguía pareciendo un chico de campo. La señorita Chin se acercó y le preguntó:

—¿Eres realmente tú, Muoi?

Estaba muy feliz de ver a la señorita Chin y respondió:

—Sí, ¡soy yo! ¿Dónde va? —le preguntó, y luego giró hacia

su amigo y le dijo que siguiera sin él, que quería pasear con su amiga.

La señorita Chin lo llevó a un bar a tomar un café y le dijo:

–Supongo que ganas mucho dinero en la ciudad.

–Para nada, señorita, apenas gano para comer, no es mejor que en casa.

–Entonces, ¿por qué dejaste la aldea?

–Porque estaba tan mal, señorita Chin. Nada en la aldea va a cambiar. No hay nada que me haga feliz. Y un día me vendrán a buscar para unirme al ejército y ese será el final.

–No te importa tu hermana? Dejaste a Muoi Mot sola.

No respondió, pero parecía agitado. La señorita Chin no intentó persuadirlo para que volviera a la aldea. Solo le preguntó dónde trabajaba para poder visitarlo de vez en cuando.

–Trabajo en la fábrica cerca de Dakao, señorita.

La señorita Chin se ofreció a recogerlo al mediodía el sábado siguiente para llevarlo de visita a la aldea. Y él aceptó.

Como resultado de esta experiencia, los maestros de la aldea, y aldeas aledañas, comenzaron a organizar eventos culturales de arte. Algunas veces los alumnos de la Escuela Amor de la aldea de Thao Dien venían para actuar en un evento, y luego los alumnos de Rossignol devolvían la visita. Los eventos culturales y de arte podían ser organizados en cualquier momento. Los más adultos de la aldea colaboraron entusiasmados. Muchos contribuyeron cantando canciones tradicionales. Estos eventos se llevaban a cabo en frescas tardes a la luz de la luna, bajo las palmeras, y todos disfrutaban.

La librería de la aldea está llena de libros, incluyendo novelas sobre astutos héroes y las obras completas de la colección *La niña de Do Long* (*The girl from Do Long*). El sonido de los niños con sus felices voces leyendo historias de aventuras chinas a sus familias por las noches me calienta el corazón. Ahora también tenemos juegos de ping-pong y baloncesto. Los adolescentes, «hombres mayores» de la aldea, como Muoi, disfrutan con estas nuevas actividades y están dejando los hábitos de la bebida y las apuestas. La señorita Chin los amenaza: «Les diré a todas las jóvenes mujeres de la zona que no se casen con ustedes. Si se casan con alguno de ustedes, y luego salen a emborracharse, toda la familia sufrirá. ¡Con trece y catorce años y ya beben!».

En un principio los jóvenes protestaban. Decían: «Encontraremos chicas de aldeas lejanas, de todas maneras, no bebemos tanto, solo un poco cuando nos aburrimos». Pero poco a poco pudieron ver la sabiduría de las palabras de la señorita Chin y le dijeron: «Con todas las actividades que tenemos ahora en la aldea, podemos dejar de beber fácilmente».

Muoi regresó a la aldea y su hermanita está feliz. Todavía tiene que trabajar muchas horas como pescador, pero el resto de su tiempo libre lo dedica en ayudar a la aldea. Se ha convertido en un «hermano mayor» para muchos de los niños de la aldea y lo aman. Organiza partidos de voleibol y además está aprendiendo a tocar el sitar y, aunque no tenga la mejor de las voces, ¡le encanta cantar!

Disfruto organizando trabajos como este en la aldea, aunque

tengo que admitir que no tengo tanto talento como el hermano Ocho o la señorita Chin y muchos de los otros líderes de la Escuela de Jóvenes. Estos maravillosos jóvenes han traído tanto éxito que me da mucha esperanza. Podría decir que he sido el primero en beneficiarse de sus esfuerzos. Los aldeanos me ofrecen su amor, aceptación y confianza, y eso refuerza mis sueños. Uno siempre es el primer beneficiario de sus propios buenos actos. Si siembras maíz, cosechas maíz. Si siembras habas, cosechas habas. ¿Por qué tendremos que atravesar tantas pruebas antes de darnos cuenta de esto?

La influencia de Phuong Boi también se siente aquí, aunque Phuong Boi esté fuera de alcance, en el silencioso bosque de B'su Danglu.

Los «pájaros» de Phuong Boi migran de aldea en aldea, y Phuong Boi se encuentra en el corazón. Phuong Boi representa amor y esperanza. Algún día esperamos volvernos a reunir en la cuna del antiguo bosque.

¿Estarán a salvo esta y otras aldeas parecidas? El desarrollo de las aldeas avanza paso a paso, mientras la guerra destruye todo en unos minutos. La guerra no respeta ni la vida ni las tradiciones. Y, lo peor de todo, destruye la esperanza.

12 de julio de 1965, Cau Kinh Village

En un día tan caluroso como el de hoy, regresar al monasterio es tan delicioso como nadar en un río de agua fresca. Sopla una brisa y la vista de los campos de arroz y las palmeras es absolutamente refrescante. En Saigón, nuestro cuarto está hacinado, apenas ventilado. El techo de papel no nos protege del calor y por las tardes tenemos que buscar alivio debajo de los árboles de areca. Ese calor extremo también nos quita el apetito.

Un vecino llamado señor Tu intenta convencerme para que ponga un aire acondicionado en el cuarto. Trató de hacer todos los esfuerzos posibles para convencerme de los beneficios que tendría colocando el aire acondicionado; nos costaría algo de dinero, pero nos permitiría realizar el doble de trabajo. Hay algo de verdad en eso. Es imposible escribir con este calor. Pero decidí no comprarlo. El dinero no es el tema. De hecho, el rector aprobó la idea y se ofreció a conseguir uno que no fuera caro. Pero seríamos las únicas personas en nuestro pobre barrio con un aire acondicionado, y eso cambiaría la manera en que la gente nos mirase. Una cosa es poseer un auto viejo y otra distinta es poseer nuestro propio aire acondicionado.

Entonces busqué otra solución. El señor Bay vive solo en una casa de dos pisos al lado del templo. Todas las mañanas sale a trabajar, sube a su moto y no vuelve hasta la noche. Le pregunté si durante el día podíamos usar el dormitorio de abajo y él accedió. Cuando quiero escribir o trabajar sin ser interrumpido por visitantes, me voy a la casa de al lado. En Vietnam, los amigos pasan a verte cuando se les da la gana. Nadie te llama por teléfono para concretar una hora. No estar en casa me evita tener que ser grosero. Igualmente paso algunas horas al día en la oficina de la universidad, lo cual admito que es mi actividad favorita.

Otra solución para el calor es la sopa de postre fría que vende una vecina. Hace frijol mung y sopa de flores de areca igualitas a las del centro de Vietnam. Soy aficionado a ambos tipos, me gustan los dos. En vietnamita, la sopa dulce se dice *che*. Es difícil describir esta sopa a alguien que nunca la ha probado, pero es deliciosa. El vecino también las vende frescas. Dos tazones pequeños en un día caluroso son tan refrescantes como un vaso largo de leche de coco. A diferencia de mí, a Hung no le gustan los dulces. Cuando bebo *che*, él solo me mira.

A veces me visitan la novicia Tam o el hermano Man y el hermano Toan, y se quedan. Toan ahora es responsable de una editorial y cada tanto pasa al mediodía. Incluso a veces paga él mismo los platos de sopa de frijol mung o de flor de areca.

Man está trabajando con Toan, juntos tienen mucha responsabilidad.

Esta noche me quedaré en el pueblo para cenar con Quang y con Thu, dos de los trabajadores residentes. La señora Bay nos trajo dos calabazas dulces y varios tarros de arroz. Las mujeres del pueblo ven a Quang y a Thu como hijos o sobrinos. La sopa de calabaza es tan dulce como la amistad que los habitantes del pueblo ofrecen a aquellos en quienes confían.

Thu me contó una conversación que tuvo y que lo conmovió profundamente. Un día, viendo cómo Thu trabajaba, el señor Bay le preguntó:

–¿Cuánto dinero ganas trabajando aquí? –Es una pregunta que nos hacen frecuentemente.

–No trabajamos por el dinero, sino por el mérito, tío –le repondió Thu–. Nuestro maestro nos dice que hacer buenos trabajos para nuestros amigos del pueblo construye el mérito, lo mismo que hacer buenas cosas por el templo. El templo nos provee de comida y de algo de dinero para los billetes de autobús; ese es el único salario que recibimos.

El tío Bay entendió, y miró a Thu con afecto. No hay duda de que estuvo pensando en que estos jóvenes son buenas personas. Había pensado que los jóvenes en la ciudad eran mimados y que solo les interesaba pasar buenos momentos. ¿Quién hubiera adivinado que había jóvenes a los que les importaba construir mérito?

La respuesta de Thu era perfecta, tan buena como cualquier cosa que se encuentre en las escrituras budistas. Sus palabras expresaban el significado del «budismo comprometido». El mérito es un concepto importante para los asiáticos. En sánscrito, mérito se dice *punya*. En cada pagoda de Vietnam, especialmente en las afueras, los laicos encuentran un tiempo para ayudar en cualquier trabajo que necesite ser realizado. Ellos creen que el trabajo que se haga para la pagoda traerá buenos frutos –materiales y espirituales– para ellos y para sus hijos. La pagoda pertenece a todas las personas, por lo tanto, cualquier cosa que beneficia espiritualmente a la pagoda beneficia a toda la gente. Algunas personas donan unas tardes al mes para servir a la pagoda, otras ayudan tres o cuatro días. Algunos pocos se quedan ayudando en la pagoda durante un mes entero. Por lo general, son personas mayores, mujeres sin educación, que comprometen el resto de sus vidas al servicio de la pagoda. Su práctica es expresada a través de realizar buenos actos en lugar de meditar.

En Vietnam, el budismo comprometido enseña que las buenas acciones no deberían estar reservadas únicamente a la pagoda, sino que deberían extenderse a las ciudades y barrios. Thu le explicó al señor Bay: «La gente está sufriendo tanto que ni siquiera el Buda permanece sentado en el templo todo el día. El propio Buda sale para estar entre las personas». Me sorprendió la habilidad con la que Thu expresó sus ideas. ¡El Buda ya no se sienta en el templo! Claro que la única razón por la que siempre estuvo en el templo fue porque la gente lo ubicó allí. Pero el Buda no quiere estar aislado entre ofrendas de arroz, bananas y flores. ¿Cómo puede un buda o un *bodhi-*

sattva quedarse puertas adentro? Si Bhaisajya Guru (el Buda de la medicina) pasase todo el día en el templo, ¿quién curaría las heridas del cuerpo y el espíritu de las personas? Avaloki-teshvara debe continuar moviéndose si ella debe escuchar y responder a los llantos de aquellos que sufren. No tiene senti-do que los que siguen las enseñanzas del Buda se aíslen dentro del templo, si lo hicieran, no serían verdaderos estudiantes. Los budas se encuentran en los lugares donde hay sufrimiento. Thu lo dijo perfectamente, nosotros no tenemos que pedirle prestadas las palabras a los teólogos como Teilhard de Chardin, Karl Barth o Martin Buber para saber qué hacer. A nuestra manera, nosotros estamos trayendo una revolución en las en-señanzas budistas. Jóvenes como Thu están abriendo el cami-no hacia nuevas corrientes de pensamiento y acción budistas. Están dando a luz al budismo comprometido.

La religión es una de las pocas instituciones sociales que continúa fuerte en Vietnam. El clima político y la guerra han desmantelado todo lo demás. Los largos asedios de asuntos turbulentos han hecho que la gente sospeche de todos los pro-gramas y promesas oficiales. Desafortunadamente, muchos políticos quieren usar la religión para satisfacer sus propias ambiciones. Raro es el político que entiende el verdadero po-tencial de la religión. Pocos políticos hacen lo que sea para apoyar o fortalecer la religión, porque no entienden el papel fundamental que la religión puede desempeñar en la historia vietnamita. Otros tantos líderes religiosos tampoco lo entien-den. Por ello deposito mi fe en la gente joven. La mayoría de los líderes, incluso algunos líderes religiosos, se ciñen a viejos patrones y visiones estrechas. Ellos se interponen en el camino de la renovación. Debido a los esfuerzos incansables de algunos individuos progresistas, gracias a que sus avisos de alerta son cada vez más escuchados, algunos líderes comenzaron a darse por aludidos. Los líderes políticos son como las tortugas, que sacan cautelosamente su cabeza del caparazón para unirse a la carrera. Nuestros esfuerzos para que despierten deben ser intensificados para que podamos transformarlos de tortugas a caballos.

Los artículos de los diarios que informan sobre conflictos entre vietnamitas budistas y católicos son absolutamente infundados. De hecho, los pensamientos y las acciones de los budistas y católicos vietnamitas son casi idénticos. Pónganos en una casa a practicar juntos nuestra espiritualidad y habrá armonía. Las personas espirituales que poseen una visión a largo plazo de la historia reconocen el valor de la razón y del diálogo. A pesar de que sigan diferentes tradiciones, se apoyan en la solidaridad. Los únicos conflictos son entre aquellos que se oponen al cambio y aquellos que con coraje se esfuerzan por lograrlo. Si pudiéramos movilizar a las principales religiones de Vietnam para que se unieran al movimiento por el progreso social, podríamos lograr milagros. La primera cosa en que los cuerpos religiosos podrían colaborar sería en ponerle fin a esta guerra catastrófica.

Mientras escribo esto, puedo visualizar los árboles desnudos del invierno en Princeton. Vietnam también está pasando por un invierno de desolación. Hace frío y está oscuro y no hay final a la vista. ¿Acaso son nuestras alas lo suficientemente fuertes como para llevar la fe a través de las largas extensiones de hielo y nieve? No queremos ser olvidados por la familia humana. Somos árboles despojados de nuestras hojas, aguantando hielo y nieve, día y noche. Esperamos desesperadamente los primeros días cálidos de la primavera.

El cielo acaba de desatar una lluvia torrencial. No dudo de que esté goteando en mi habitación de Saigón. No hay agujeros en el techo, pero el agua de lluvia se filtra por las grietas y entonces gotea sobre nuestro techo de papel. Durante la tormenta usamos todo lo que tenemos para atrapar el agua (cuencos, tazas, portalápices). Probablemente, ahora la habitación esté empapada. En este momento, en medio de la misma tormenta, alrededor de doscientos jóvenes estudiantes están viviendo en pueblos de ayuda mutua.

No sé lo que puede traer el día de mañana. Pero no importa lo que suceda, no creo que mis amigos sean despojados de su fe. Nuestra fe no está construida sobre un terreno inestable o una comprensión esotérica. Está en la fuerza del amor incondicional. No pide nada a cambio y no puede ser sacudida ni siquiera por la traición. Si llevas tus preguntas más profundas al centro de tu ser, en tu misma sangre y tuétano, un día, casi naturalmente, vas a comprender la conexión entre el pensamiento y la acción. No estoy hablando de pensamiento discursivo, pero sí de llevar tus preguntas más profundas a tu alma, involucrar tus emociones, tus sueños y todas tus experiencias, las cosas más difíciles de expresar con palabras o conceptos. Este amor surge de la psique individual y, sin embargo, la erosión gradual o la repentina destrucción de esa psique no puede disminuir este amor. Es trascendental, amor supremo. El amor común se puede hacer humo cuando es confrontado por la culpa o la traición de un ser amado. El amor trascendental nunca puede disminuir, porque el amor trascendente y el objeto de ese amor están ambos vacíos de un yo separado.

El año pasado fui al Museo Británico. Quedé fascinado por los restos de un cuerpo humano que fue enterrado hace cinco mil años. El cuerpo estaba recostado sobre su costado izquierdo con las rodillas recogidas hacia el pecho. Cabeza, brazos y piernas mirando a la izquierda. Cada uno de los detalles del cuerpo del hombre han sido preservados. Puedo ver mechones de pelo, sus tobillos, cada dedo de la mano y del pie intacto. El cuerpo había sido enterrado en esa posición en el desierto hacía cinco mil años. El calor de la arena había secado y preservado su cuerpo. Mientras estaba absorto, un sentimiento indescriptible sacudió mi cuerpo. Una niña pequeña, de aproximadamente ocho años, se paró a mi lado y me preguntó con una voz de preocupación: «¿Me pasará esto a mí?».

Temblé y miré a esa tierna flor de humanidad, esa niña vulnerable sin ningún medio para defenderse y le dije: «No, esto nunca te sucederá a ti». Habiéndola consolado, caminé con ella hacia otra sala. Le mentí acerca de algo sobre lo que Chandaka, el cochero del Buda nunca mintió a Siddhartha.

Semanas más tarde, la imagen de ese cuerpo regresó a mí. Estaba en París, reunido con un grupo de estudiantes, y puse una cinta de canciones vietnamitas. Al escuchar la voz de Thai Thanh, de repente vi cada vaso sanguíneo y cada célula de sus cuerdas vocales vibrando, formando ese sonido tan claro y noble. Nunca conocí a Thai Thanh, pero siempre la recuerdo tan hermosa y potente como su voz. Me di cuenta de que si pudiera transportarme cinco mil años hacia el futuro, Thai Thanh habría pasado hace mucho tiempo hacia la otra orilla. La cinta del casete no está hecha de células vivas, no contiene saliva o cuerdas vocales o los sentimientos que expresan la melodía de su voz. Sin embargo, si esa cinta aún puede emitir los sonidos de la voz de Thai Thanh dentro de cinco mil años, ¿qué habrá conservado exactamente? ¿Un mensaje capaz de molestar al oyente o de provocar una sonrisa de liberación? Una ráfaga de viento sopla, cruza el desierto y esparce arena en el cielo. Me recordó un poema de la meditación del maestro Tran Thai Tong:

La tormenta pasó.
El cielo es claro.
El río refleja la luna tranquila.
¿Qué hora de la noche es?

Aquella noche, después de caminar por la nieve, volví con un resfriado. Nguyen An me aplicó un aceite con medicación por la espalda y tomé dos aspirinas antes de taparme con mantas.

No podía dormir, en parte por la aspirina. Mientras la aspirina alivia los síntomas del resfriado, por algún motivo siempre me mantiene despierto.

Di vueltas y vueltas hasta el punto de darme cuenta de que estaba acostado en la misma posición que el cuerpo en el Museo Británico. Sin pensarlo, apreté las manos para ver si mi cuerpo se había endurecido hasta convertirse en roca. Mi mente consciente no inició este gesto, pero tampoco lo rechazó como si fuese algo tonto. En aquel momento me sentí perfectamente en paz. Ningún pensamiento triste o ansioso entró en mi mente. Vi que mi cuerpo como una momia de cinco mil años y mi cuerpo acostado en la cama en el momento presente son lo mismo. Ideas del pasado, presente y futuro se disolvieron, y yo estaba parado en un umbral luminoso de una realidad que trascendía el tiempo, el espacio y la acción.

Me levanté y me senté en meditación durante el resto de la noche. Cataratas de consciencia caían a través de mi ser. Grandes gotas de lluvia y corrientes arremolinadas me limpiaban, me penetraban y me alimentaban. Todo lo que quedaba era una paz profundamente arraigada. Me senté como una montaña y sonreí. Si alguno me hubiese visto hubiera exclamado: «Él ha completado la gran tarea». Mañana por la mañana veremos una persona transformada. Pero a la mañana siguiente no hubo ningún cambio. A las siete de la mañana, busqué un lápiz y tomé nota de algunas observaciones de la experiencia que rondaba en los bordes de mi consciencia. Aún tengo esas notas, extraños fragmentos de poesía. Más tarde tomé el desayuno con amigos como si nada hubiera pasado durante la noche. Repasamos nuestros planes de la discusión del día anterior y hablamos sobre el futuro. ¿Planeando el futuro? Estaba de vuelta en el tiempo y espacio conocido.

Mientras discutía en detalle los proyectos, me sorprendió que la misma persona que se sintió tan alejada de aquellas cosas durante la noche podía involucrarse en ellas tan fácilmente. Desde el punto de vista de mi experiencia nocturna, aquellos proyectos eran destellos pasajeros en un gran vacío.

Aunque vi que eran algo más que simples destellos, tuve una actitud diferente por completo hacia ellos. Pude concentrarme plenamente en los detalles mientras mi corazón se quedaba tranquilo. No sentí impaciencia, miedo ni preocupación, y tuve mucha más energía, como si mi mente hubiese filtrado y eliminado las impurezas. Una noche puede cambiarle la vida a una persona. Una noche puede abrir puertas para el resto de las noches. Casi pude ver mi verdadero rostro; estaba a punto de descubrirlo.

Una experiencia como aquella ayuda a iluminar la conexión entre el mundo de la mente y el mundo de la acción. ¿Cuál es el lugar del amor? Acaso nada de lo que yo esté escribiendo aquí tenga sentido para otros. Quiero decirle a Steve que no se preocupe por nada. Mañana, cuando la paz vuelva a Vietnam, él podrá visitar Phuong Boi. Phuong Boi nos enseñó lo que es este amor, y Phuong Boi se lo compartirá a Steve en forma de flores silvestres y pastos. Phuong Boi tenía una casa llamada Casa Montañesa, que ahora es una pila de cenizas donde crecen los hongos salvajes. Todavía la Casa Montañesa está con nosotros. Sigue, tal como el amor sigue a pesar de la impermanencia y el vacío del ser, a pesar de la extrema crueldad y de la ambición que enceguece. Mañana, si somos quemados como cenizas, esas cenizas serán amor para las flores y anidarán en el corazón de la tierra para nutrir las flores. Las flores no saben cómo odiar. Volveremos al círculo de la vida como flores, pastos, pájaros o nubes trayendo mensajes de amor eterno a las personas. Como los niños del barrio que, incluso en estos tiempos de guerra, cantan: «Amaremos a otros por siempre y para siempre, tomados de la mano. Amaremos a otros para siempre».

11 de mayo de 1966, Saigón

Es improbable que esta colección de mi diario que he llamado *Fragantes hojas de palmera* supere la censura. Si no puede ser publicado, espero que mis amigos lo hagan circular entre ellos. Esta noche el cielo es extrañamente brillante. Mañana dejaré Vietnam, pero ya echo de menos mi hogar. Sé que en cualquier lugar a donde vaya habrá estrellas, nubes y luna, pero estoy determinado a retornar a casa. Mi corazón está algo intranquilo, pero, en general, estoy en paz. Mientras siento esta calma, quiero compartir estos pensamientos, aunque estén incompletos.

Para llegar a la comprensión, tienes que descartar todo lo que has aprendido. Es lo que el *Sutra del diamante* significa cuando dice: «A solo es A cuando no es A». Sé que esto suena extraño, pero cuanto más vivo más me doy cuenta de que es verdad. Aferrarse a lo que has aprendido es peor que no haberlo aprendido desde el principio. Todo lo que me enseñaron en el Instituto Budista ha quedado patas para arriba. Por eso puedo entender lo que aprendí allí.

Hace unos momentos, cuando nuestro DC-4 iba llegando a

Saigón, vi las más exquisitas formaciones de nubes. El sol ya se había ocultado, pero había suficiente luz en el cielo para ver las suaves y puras nubes como un mar bajo el aeroplano. Ola sobre encrespada ola, blanca más que la más pura y blanca nieve. Me hice uno con las nubes, suave y puro como una nube. ¿Por qué los humanos son atraídos hacia suaves y puras nubes y alfombras de pura nieve? Tal vez es porque nos gustan las cosas puras, hermosas y saludables; cosas que reflejan la forma en que queremos vernos a nosotros mismos. Pureza, belleza y salud no tienen una existencia objetiva propia. Es apenas nuestro punto de vista. Respondemos de la misma forma a una hoja en blanco, a una corriente de agua clara, a un dulce estribillo musical o a un atractivo hombre o mujer. Una mujer hermosa es a menudo comparada con la nieve, con la luna o con flores. Cuando ella es compasiva, la llamamos una diosa o un buda, porque diosas o budas son conocidos como hermosos y gentiles. Queremos asociarnos con cualquier cosa que consideremos hermosa, pura y saludable, y queremos que esas cosas permanezcan igual.

Pero ¿qué podemos decir acerca de la corrupción, la fealdad, la crueldad y el deterioro? Luchamos para permanecer en el lado de la pureza y de la belleza y deseamos ahuyentar el otro lado.

El budismo Mahayana describe el nirvana como permanencia, bendición, libertad y pureza. Creo que la elección de estas cuatro virtudes para describir nirvana demuestra cuán apegados estamos los humanos a una idea particular de felicidad.

El *Sutra del corazón* fue compuesto para ayudarnos a romper esos puntos de vista. Avalokita, después de mirar en profundidad las cosas, sonríe y anuncia: «Todos los *dharmas* llevan la marca del vacío, no son producidos ni destruidos, no son impuros ni inmaculados, no son crecientes ni decrecientes. Por ello, en el vacío, no hay forma ni sensación, no hay percepciones, ni formaciones mentales, ni consciencia; no hay ojo, oído, nariz, lengua o cuerpo; no hay mente, no hay forma, ni sonido, ni olor, ni gusto, no hay tacto, ni objetos de la mente».

Sentado en el avión, vi todo esto desde una perspectiva diferente, sonreí cuando pensé en las diversas formas que toma el agua. Puede ser un claro líquido, hielo, vapor, nubes o nieve. Todas estas formas son H_2O, pero el H_2O en sí mismo es vacío, sin permanencia. Puede dividirse en hidrógeno y oxígeno, pero también ellos están vacíos. Examinen el oxígeno y verán que está hecho de elementos no oxígeno, que también están vacíos y hechos de otros elementos. Son todos interdependientes y están interconectados. No puedes separar oxígeno de no-oxígeno, pero tampoco puedes decir que oxígeno y no-oxígeno son lo mismo.

En este mundo de cambio constante, queremos asegurarnos una verdad última y algo permanente. Supongan que me pregunto cuál es la cosa más hermosa e importante en el mundo y supongan que respondo: «Agua». El agua puede ser clara como un espejo. Puede cubrir el pico de una montaña o transformarse en turbulentas blancas olas en la playa. Sin agua, la tierra se secaría y perecería. Por eso yo digo que el agua es lo más hermoso e importante. Pero si hago una pausa y considero el fuego, me doy cuenta de que la vida tampoco sería posible sin la luz y el calor del sol. De hecho, sin luz, ¿cómo puede una persona distinguir entre lo que es y no es hermoso? Sin luz, ¿quién puede ver el agua tan clara como un espejo, la nieve cubriendo un pico montañoso u olas turbulentas en la playa? Puede que yo tome esta idea, pero si estoy obsesionado con el agua, cerraré mis ojos y me aferraré al agua solamente. Esto sería ignorancia, ¿no es cierto? Algunos argumentan que la continua transformación de los fenómenos sostiene la creencia en la reencarnación. Puede que descartases dicha creencia cuando aún eras joven, comprendiendo que presupone la existencia de un yo separado y permanente o de un alma que puede transmigrar. En realidad, no hay un yo separado, no hay oxígeno ni hidrógeno con una identidad separada y permanente. Sin embargo, el mundo de la vacuidad se revela eternamente milagroso. Hay una clase de reencarnación, aunque si miramos profundamente, veremos que nada es permanente o impermanente, puro o corrupto, gentil o cruel, bello o feo. Por favor, no repitan estas cosas a los niños porque sus ojos todavía no están lo bastante abiertos. Ellos podrían pensar que no hay razón para vivir según la ética si no hay ni bien ni mal.

Si tuvieras que elegir, ¿no elegirías pureza por encima de corrupción, felicidad por encima de sufrimiento, gentileza por encima de crueldad? Eso parece obvio. Pero para elegir pureza, alegría y gentileza, la mayoría de la gente asume que debemos destruir la corrupción, el sufrimiento y la crueldad. ¿Es posible destruirlos? Si la enseñanza del Buda «Esto es, porque eso es» es verdad, entonces dentro de la pureza hay corrupción. Si destruyes la corrupción, simultáneamente destruyes la pureza. «Esto no es, porque eso no es» ¿Significa eso que debemos alimentar la corrupción, la crueldad o el sufrimiento? ¡Por supuesto que no!

Todos los pares de opuestos son creados por nuestras mentes con material que nos llega del almacén de la consciencia. Hacemos una gran pelea entre felicidad y sufrimiento. Si solo pudiésemos penetrar el crudo rostro de la realidad, como hizo Avalokita, todas nuestras penas e infortunios se desvanecerían como humo y nosotros realmente superaríamos el sufrimiento.

Miren la sonrisa del Buda, es completamente compasiva y pacífica. ¿Quiere decir esto que el Buda no se toma seriamente tu sufrimiento y el mío? El Buda envió al *bodhisattva* Sadaparibhutta a informarnos de que él no mira a nadie con desprecio porque todos los seres se convertirán en Buda.

Tal vez mi respuesta a la sonrisa del Buda está causada por un aniñado sentimiento de inferioridad, ciertamente no surge de un sentimiento de respeto a uno mismo. Es sencillo para nosotros sentirnos insignificantes, torpes y estúpidos frente al Buda, quien ve que el nirvana y el samsara como meras fluctuaciones del vacío. Sin embargo, tengo certeza de que el Buda siente compasión por nosotros, no porque sufrimos, sino porque no vemos el camino, y esta es la causa de nuestro sufrimiento.

Desde que era joven, he tratado de comprender la naturaleza de la compasión. Pero la poca compasión que aprendí no la he adquirido de la investigación intelectual, sino a través de mi concreta experiencia del sufrimiento. No estoy más orgulloso de mi sufrimiento que una persona que confunde una soga con una serpiente lo está de su susto. Mi sufrimiento ha sido apenas una soga, solo una gota de vacío tan insignificante que debería disolverse como niebla al alba. Pero no se ha disuelto, y yo casi soy incapaz de soportarlo. ¿Será que el Buda no ve mi sufrimiento? ¿Cómo puede sonreír? El amor busca una manifestación, amor romántico, amor maternal, amor patriótico, amor por la humanidad, amor por todos los seres.

Cuando amas a alguien, te sientes ansioso por él o por ella y deseas que estén seguros y próximos. No puedes simplemente sacar de tus pensamientos a tus seres amados. Cuando el Buda es testigo del sufrimiento interminable de los seres vivientes, a él le debe afectar mucho. ¿Cómo puede simplemente sentarse ahí y sonreír? Pero piensen acerca de esto. Somos nosotros quienes lo esculpimos ahí sentado y sonriendo, y lo hacemos por una razón. Cuando pasas la noche despierto preocupándote por tu ser amado, estás tan apegado al mundo fenoménico que posiblemente no seas capaz de ver el verdadero rostro de la realidad. Un médico que comprende exactamente la condición de su paciente no se sienta a obsesionarse con innumerables explicaciones o ansiedades de la misma forma que podría ocurrirle a la familia. El doctor sabe que el paciente se recuperará, por lo tanto, puede sonreír aun cuando continúe enfermo. Su sonrisa no es descortés, es simplemente la sonrisa de alguien que toma la situación y no se preocupa de manera innecesaria. ¿Cómo puedo poner en palabras la verdadera naturaleza de la Gran Compasión, *mahakaruna*?

Cuando comenzamos a ver que ese barro negro y la blanca nieve no son feos ni bonitos, cuando podemos verlos sin discriminación ni dualidad, entonces comenzamos a tocar la Gran Compasión. A los ojos de la Gran Compasión, no hay izquierda o derecha, amigo o enemigo, cercano o lejano. No creas que la Gran Compasión no tiene vida. La energía de la Gran Compasión es radiante y maravillosa. A los ojos de la Gran Compasión, no hay separación entre sujeto y objeto, no hay un yo separado. No hay nada que pueda perturbar a la Gran Compasión.

Si una persona violenta y cruel te destripa, puedes sonreír y mirarla con amor. Su crianza, su situación y su ignorancia hacen que actúe de esta manera. Mira a aquel que está dispuesto a destruirte y acumula injusticia sobre ti, míralo con ojos de amor y compasión. Deja la compasión fluir desde tus ojos y no permitas ni una agitación de culpa o enojo llegar a tu corazón. Él comete crímenes sin sentido contra ti y te hace sufrir porque no puede ver el camino hacia la paz, la alegría o la comprensión.

Si algún día recibes la noticia de que he muerto por las malas acciones de alguien, sabe que morí con el corazón en paz. Sabe que en mis últimos momentos no me entregué al enojo. No debemos odiar nunca a otro ser. Si puedes ayudar a florecer este despertar, serás capaz de sonreír. Recordándome, continuarás en tu camino. Tendrás un refugio que nadie podrá quitarte. Nadie podrá perturbar tu fe, porque esa fe no se apoya en nada del mundo fenoménico. Fe y amor son uno y solo pueden emerger cuando penetras profundamente en la natuoaleza vacía del mundo fenoménico, cuando puedes ver que tú estás en todo y todo está en ti.

Hace mucho tiempo escuché una historia acerca de un monje que no estaba enojado con el cruel rey que le había cortado la oreja y pinchado su piel con un cuchillo. Cuando leí esto, pensé que el monje sería algún tipo de deidad. Esto fue porque en ese tiempo no sabía de la naturaleza de la Gran Compasión. El monje no tenía enojo. Todo lo que tenía era un corazón lleno de amor. No hay nada que nos impida vivir como un monje. El amor nos enseña que todos podemos vivir como un buda.

Mañana temprano debo irme, esta noche no tendré tiempo de releer lo que acabo de escribir, pero mañana veré brevemente a Hung y le entregaré este manuscrito antes de dejar nuestra bendita tierra.

Thich Nhat Hanh

Thich Nhat Hanh fue un monje budista zen vietnamita, poeta y activista por la paz. Antes de ser exiliado de Vietnam en 1966, fue cofundador de la Universidad Budista de Van Hanh, La Pagoda Budista de An Quang, la Escuela de los Jóvenes para los Servicios Sociales, y la Orden del Interser. Desde entonces, en Europa y Norteamérica, trabajó incesantemente por la paz, presidiendo la Delegación Budista de la Paz para el Paris Peace Talks (Charlas

por la Paz de París), fundando Plum Village, un monasterio budista cerca de Burdeos, disertando y dirigiendo retiros en todo el mundo sobre el arte de vivir en plena consciencia.

Thich Nhat Hanh es autor de más de treinta y cinco libros, incluyendo *Buda viviente, Cristo viviente*; *El corazón de las enseñanzas de Buda* y *Volviendo a casa*.

Sobre Plum Village

Plum Village es una comunidad de retiros en el sudoeste de Francia, donde monjes, monjas, laicos y laicas practican el arte de vivir en plena consciencia según la enseñanza de Thich Nhat Hanh. Los visitantes están invitados a participar de la práctica por al menos una semana. Para mas información, por favor, escribir a:

Plum Village
13 Martineau
33580 Dieulivol, Francia
www.plumvillage.org

editorial Kairós

Puede recibir información sobre
nuestros libros y colecciones inscribiéndose en:

www.editorialkairos.com
www.editorialkairos.com/newsletter.html
www.letraskairos.com

Numancia, 117-121 • 08029 Barcelona • España
tel. +34 934 949 490 • info@editorialkairos.com